聆听大师
季羡林系列

季羡林 谈读书治学

季羡林 著

当代中国出版社
Contemporary China Publishing House

图书在版编目(CIP)数据

季羡林谈读书治学 / 季羡林著. -- 北京 : 当代中国出版社, 2016. 5

ISBN 978-7-5154-0683-1

Ⅰ. ①季… Ⅱ. ①季… Ⅲ. ①读书方法—通俗读物②治学方法—通俗读物 Ⅳ. ①G792-49②G795-49

中国版本图书馆 CIP 数据核字(2016)第 087712 号

出 版 人　曹宏举
策划编辑　王延新
责任编辑　王延新　隋　丹
责任校对　康　莹
装帧设计　姚　洁
出版发行　当代中国出版社
地　　址　北京市地安门西大街旌勇里 8 号
网　　址　http://www.ddzg.net　邮箱:ddzgcbs@sina.com
邮政编码　100009
编 辑 部　(010)66572264　66572154　66572132　66572180
市 场 部　(010)66572281 或 66572155/56/57/58/59 转
印　　刷　北京润田金辉印刷有限公司
开　　本　880 毫米×1230 毫米　1/32
印　　张　6.125 印张　1 插页　116 千字
版　　次　2016 年 5 月第 1 版
印　　次　2016 年 5 月第 1 次印刷
定　　价　22.00 元

目录

“天下第一好事，还是读书”

古今中外赞美读书的名人和文章，多得不可胜数。张元济先生有一句简单朴素的话：“天下第一好事，还是读书。”“天下”而又“第一”，可见他对读书重要性的认识。

为什么读书是一件“好事”呢？

也许有人认为，这问题提得幼稚而又突兀。这就等于问：“为什么人要吃饭”一样，因为没有人反对吃饭，也没有人说读书不是一件好事。

但是，我却认为，凡事都必须问一个“为什么”，事出都有因，不应当马马虎虎，等闲视之。现在就谈一谈我个人的认识，谈一谈读书为什么是一件好事。

凡是事情古老的，我们常常说“自从盘古开天地”。我现在还要从盘古开天地以前谈起，从人类脱离了兽界进入人界开始谈。人成了人以后，就开始积累人的智慧，这种智慧如滚雪球，越滚越大，也就是越积越多。禽兽似乎没有发现有这种本领，一只蠢猪一万年以前是这样蠢，到了今天仍然是这样蠢，没有增加什么智慧。人则不然，不但能随时增加智慧，而且根据我的观察，增加的速度越来越快，有如物体从高空下坠一般。到了今天，达到了知识爆炸的水平。最近一段时间以来，“克隆”使全世界的人都大吃一惊。有的人竟忧心忡忡，不知这种技术发展“伊于胡底”[①]。信耶稣教的人担心将来一旦“克隆”出来了人，他们的上帝将向何处躲藏。

人类千百年以来保存智慧的手段不出两端，一是实物，比如长城等，二是书籍，以后者为主。在发明文字以前，保存智慧靠记忆；文字发明了以后，则使用书籍。把脑海里记忆的东西搬出来，搬到纸上，就形成了书籍，书籍是贮存人类代代相传的智慧的宝库。后一代的人必须读书，才能继承和发扬前人的智慧。人类之所以能够进步，永远不停地向前迈进，靠的就是能读书又能写书的本领。我常常想，人类向前发展，有如接力赛跑，第一代人跑第一棒；第二代人接过棒来，跑第二棒，以至第三棒、第四棒，永远跑下去，永无穷尽，这样智慧的传承也永无穷尽。这样的传承靠的主要就是书，书是事关人类智慧传承的大事，这样一来，读书不是“天下第一好事”又是什么呢？

---

① 语出《诗经·小雅·小旻》：“我视谋犹，伊于胡底？”意为：到什么地步为止，形容结局不堪设想。——编者注

但是，话又说了回来，中国历代都有“读书无用论”的说法，读书的知识分子，古代通称之为“秀才”，常常成为取笑的对象，比如说什么“秀才造反，三年不成”，是取笑秀才的无能。这话不无道理。在古代——请注意，我说的是“在古代”，今天已经完全不同了——造反而成功者几乎都是不识字的痞子流氓，中国历史上两个马上皇帝，开国“英主”，刘邦和朱元璋，都属此类。诗人只有慨叹“刘项原来不读书”。“秀才”最多也只有成为这一批地痞流氓的“帮忙”或者“帮闲”，帮不上的，就只好慨叹“儒冠多误身”了。

但是，话还要再说回来，中国悠久的优秀的传统文化的传承者，是这一批地痞流氓，还是“秀才”？答案皎如天日。这一批“读书无用论”的现身“说法”者的“高祖”“太祖”之类，除了镇压人民剥削人民之外，只给后代留下了什么陵之类，供今天搞旅游的人赚钱而已。他们对我们国家竟无贡献可言。

总而言之，“天下第一好事，还是读书”。

1997 年 4 月 8 日

对我影响最大的几本书

我是一个最枯燥乏味的人，枯燥到什么嗜好都没有。我自比是一棵只有枝干并无绿叶更无花朵的树。

如果读书也能算是一个嗜好的话，我的唯一嗜好就是读书。

我读的书可谓多而杂，经、史、子、集都涉猎过一点，但极肤浅，小学中学阶段，最爱读的是“闲书”（没有用的书），比如《彭公案》《施公案》《洪公传》《三侠五义》《小五义》《东周列国志》《说岳》《说唐》，等等，读得如醉似痴。《红楼梦》等古典小说是以后才读的。读这样的书是好是坏呢？从我叔父眼中来看，是坏。但是，我却认为是好，至少在写作方面是有帮助的。

至于哪几部书对我影响最大，几十年来我一贯认为是两位大师的著作：在德国是亨利希·吕德斯（Heinrich Lüders），我老师的老师；在中国是陈寅恪先生。两个人都是考据大师，方法缜密到神奇的程度。从中也可以看出我个人兴趣之所在。我禀性板滞，不喜欢玄之又玄的哲学。我喜欢能摸得着看得见的东西，而考据正合吾意。

吕德斯是世界公认的梵学大师。研究范围颇广，对印度的古代碑铭有独到深入的研究。印度每有新碑铭发现而又无法读通时，大家就说："到德国去找吕德斯去！"可见吕德斯权威之高。印度两大史诗之一的《摩诃婆罗多》从核心部分起，滚雪球似的一直滚到后来成型的大书，其间共经历了七八百年。谁都知道其中有不少层次，但没有一个人说得清楚。弄清层次问题的又是吕德斯。在佛教研究方面，他主张有一个"原始佛典"（Mrkanm），是用古代半摩揭陀语写成的，我个人认为这是千真万确的事；欧美一些学者不同意，却又拿不出半点可信的证据。吕德斯著作极多。中短篇论文集为一书《古代印度语文论丛》，这是我一生受影响最大的著作之一。这书对别人来说，可能是极为枯燥的，但是，对我来说却是一本极为有味、极有灵感的书，读之如饮醍醐。

在中国，影响我最大的书是陈寅恪先生的著作，特别是《寒柳堂集》《金明馆丛稿》。寅恪先生的考据方法同吕德斯先生基本上是一致的，不说空话，无证不信。两人有异曲同工之妙。我常想，寅恪先生从一个不大的切入口切入，如剥春笋，每剥一层，都是信而有征，让你非跟着他走不行，剥到最后，露出核心，也就是得到结论，让你恍然大悟：原来如此，你没有法子不信服。寅恪先生考证不避琐细，但绝不是为考证而考证，小中见大，其中往往含着极大的问题。比如，他考证杨玉环是否以处女入宫。这个问题确极猥琐，不登大雅之堂。无怪一个学者说：这太 Trivial（微不足道）了。焉知寅恪先生是想研究李唐皇族的家风。在这个问题上，汉族与少数民族看法是不一样的。寅恪先生是从看似细微的问题入手探讨民族问题和文化问题，由小及大，使自己的立论坚实可靠。看来这位说那样话的学者是根本不懂历史的。

在一次闲谈时，寅恪先生问我：《梁高僧传》卷二《佛图澄传》中载有铃铛的声音——“秀支替戾周，仆谷劬秃当”是哪一种语言？原文说是羯语，不知何所指？我到今天也回答不出来。由此可见寅恪先生读书之细心，注意之广泛。他学风谨严，在他的著作中到处可以给人以启发。读他的文章，简直是一种最高的享受。读到兴会淋漓时，真想“浮一大白”①。

中德这两位大师有师徒关系，寅恪先生曾受学于吕德斯先生。这两位大师又同受战争之害，吕德斯生平致力于 Molānavarga 之研究，几十年来批注不断。“二战”时手稿被毁。

---

① 浮，违反酒令被罚饮酒；白，罚酒用的酒杯。原指罚饮一大杯酒，后指满饮一大杯酒。语出刘向《说苑·善说》：“魏文侯与大夫饮酒，使公乘不仁为觞政，曰：‘饮不釂者，浮以大白。’”《孽海花》第二十四回有“浮一大白”。——编者注

寅恪生平致力于读《世说新语》，几十年来眉注累累。日寇入侵，逃往云南，此书丢失于越南。假如这两部书能流传下来，对梵学国学将是无比重要之贡献。然而先后毁失，为之奈何！

1999年7月30日

我最喜爱的书

我在下面介绍的只限于中国文学作品。外国文学作品不在其中。我的专业书籍也不包括在里面，因为太冷僻。

一、司马迁的《史记》

《史记》这一部书，很多人都认为它既是一部伟大的史籍，又是一部伟大的文学作品。我个人同意这个看法。平常所称的《二十四史》中，尽管水平参差不齐，但是哪一部也不能望《史记》之项背。

《史记》之所以能达到这个水平，司马迁的天才当然是重要原因；但是他的遭遇起的作用似乎更大。他无端受了宫刑，以致郁闷激愤之情溢满胸中，发而为文，句句皆带悲愤。他在《报任少卿书》中已有充分的表露。

二、《世说新语》

这不是一部史书，也不是某一个文学家和诗人的总集，而只是一部由许多颇短的小故事编纂而成的奇书。有些篇只有短短几句话，连小故事也算不上。每一篇几乎都有几句或一句隽语，表面简单淳朴，内容却深奥异常，令人回味无穷。六朝和稍前的一个时期内，社会动乱，出了许多看来脾气相当古怪的人物，外似放诞，内实怀忧。他们的举动与常人不同。此书记录了他们的言行，短短几句话，而栩栩如生，令人难忘。

三、陶渊明的诗

有人称陶渊明为"田园诗人"。笼统言之，这个称号是恰当的。他的诗确实与田园有关。"采菊东篱下，悠然见南山"，这样的名句几乎是家喻户晓的。从思想内容上来看，陶渊明颇近道家，中心是纯任自然。从文体上来看，他的诗简易淳朴，毫无雕饰，与当时流行的镂金错彩的骈文迥异其趣。因此，在当时以及以后的一段时间内，对他的诗的评价并不高，在《诗品》中，仅列为中品。但是，时间越后，评价越高，最终成为中国伟大诗人之一。

四、李白的诗

李白是中国文学史上最伟大的天才之一，这一点是谁都承认的。杜甫对他的诗给予了最高的评价："白也诗无敌，飘然思不群。清新庾开府，俊逸鲍参军。”李白的诗风飘逸豪放。根据我个人的感受，读他的诗，只要一开始，你就很难停住，必须读下去。原因我认为是，李白的诗一气流转，这一股“气”不可抗御，让你非把诗读完不行。这在别的诗人作品中，是很难遇到的现象。在唐代，以及以后的一千多年中，对李白的诗几乎只有赞誉，而无批评。

五、杜甫的诗

杜甫也是一个伟大的诗人，千余年来，李杜并称。但是两人的创作风格却迥乎不同：李是飘逸豪放，而杜则是沉郁顿挫。从使用的格律上，也可以看出两人的不同。七律在李白集中比较少见，而在杜甫集中则颇多。摆脱七律的束缚，李白是没有枷锁跳舞；杜甫善于使用七律，则是带着枷锁跳舞，两人的舞都达到了极高的水平。在文学批评史上，杜甫颇受到一些人的指摘，而对李白则绝无仅有。

六、南唐后主李煜的词

南唐后主李煜的词传留下来的仅有三十多首，可分为前后两期：前期仍在江南当小皇帝，后期则已降宋。后期词不多，但是篇篇都是杰作，纯用白描，不作雕饰，一个典故也不用，话几乎都是平常的白话，老妪能解；然而意境却哀婉凄凉，千百年来打动了千百万人的心。在词史上巍然成一大家，受到了文艺批评家的赞赏。但是，对王国维在《人间词话》中赞美后主有佛祖的胸怀，我却至今尚不能解。

七、苏轼的诗文词

中国古代赞誉文人有三绝之说。三绝者，诗、书、画三个方画皆能达到极高水平之谓也，苏轼至少可以说已达到了五绝：诗、书、画、文、词。因此，我们可以说，苏轼是中国文学史和艺术史上最全面的伟大天才。论诗，他为宋代一大家。论文，他是唐宋八大家之一。笔墨凝重，大气磅礴。论书，他是宋代苏、黄、米、蔡四大家之首。论词，他摆脱了婉约派的传统，创豪放派，与辛弃疾并称。

八、纳兰性德的词

宋代以后，中国词的创作到了清代又掀起了一个新的高潮。名家辈出，风格不同，又都能各极其妙，实属难能可贵。在这群灿若列星的词家中，我独独喜爱纳兰性德。他是大学士明珠的儿子，生长于荣华富贵中，然而却胸怀愁思，流溢于楮墨之间。这一点我至今还难以得到满意的解释。从艺术性方面来看，他的词可以说是已经达到了完美的境界。

九、吴敬梓的《儒林外史》

胡适之先生给予《儒林外史》极高的评价。诗人冯至也酷爱此书。我自己也是极为喜爱《儒林外史》的。

此书的思想内容是反科举制度，昭然可见，用不着细说，它的特点在艺术性上。吴敬梓惜墨如金，从不作冗长的描述。书中人物众多，各有特性，作者只讲一个小故事，或用短短几句话，活脱脱一个人就仿佛站在我们眼前，栩栩如生。这种特技极为罕见。

十、曹雪芹的《红楼梦》

在古今中外众多的长篇小说中，《红楼梦》是一颗璀璨的明珠，是状元。中国其他长篇小说都没能成为“学”，而“红学”则是显学。《红楼梦》描述的是一个大家族的衰微的过程。本书特异之处也在它的艺术性上。书中人物众多，男女老幼，主子奴才，五行八作，应有尽有。作者有时只用寥寥数语而人物就活灵活现，让读者永远难忘。读这样一部书，主要是欣赏它的高超的艺术手法。那些把它政治化的无稽之谈，都是不可取的。

2001 年 3 月 21 日

推荐十种书

一、《红楼梦》

《红楼梦》是古今中外最优秀最杰出的长篇小说。我不谈思想性，因为公说公有理，婆说婆有理，谁也说不清楚，谁也说服不了谁。我只谈艺术性。本书刻画人物达到了出神入化的境界。人物一开口，虽不见其人，但立刻就能知道是谁。在中外文学作品中，实无其匹。

二、《世说新语》

这也是一本奇书。当时清谈之风盛行。但并不是今天的“侃大山”，而要出言必隽永有韵致，言简而意深，如食橄榄，回味无穷。有的话不能说明白，但一经说出，则听者会心，宛如当年灵山会上，世尊拈花，迦叶微笑。

三、《儒林外史》

本书是中国小说中的精品。结构奇特，好像是由一些短篇缀合而成。作者惜墨如金，描绘风光，刻画人物，三言两语，而自然景色和人物性格，便跃然纸上。尤以讽刺见长，作者威仪俨然。不露笑容，讽刺的话则入木三分，令人忍俊不禁。

四、李义山的诗

在中国诗中，我同曹雪芹正相反，最喜欢李义山的诗。每个人欣赏的标准和对象，不能强求一律。义山诗词藻华丽，声韵铿锵。有时候不知所言何意，但读来仍觉韵味飘逸，意象生动，有似西洋的 pure poetry（纯诗）。诗不一定都要求懂。诗的词藻美和韵律美直接诉诸人的灵魂。汉诗还有一个字形美。

五、李后主的词

后主词只有短短几篇。他不用一个典故，但感情真挚，动人心魄。王国维说："后主则俨有释迦基督担荷人类罪恶之意。"言似夸大，我们不能这样要求后主，他也根本不是这样的人。中国历史上多一个励精图治的皇帝，没有多大分量。但是，如果缺一个后主，则中国文学史将成什么样子？

六、《史记》

《史记》是中国第一部通史。但此书的真正意义不在史而在文。司马迁说：“诟莫大于宫刑。”他满腔孤愤，发而为文，遂成《史记》。时至今日，不可一世的汉武帝，只留得“西风残照汉家陵阙”，而《史记》则“光芒万丈长”。历史是最无情的。

七、陈寅恪的《寒柳堂集》

八、陈寅恪的《金明馆丛稿》

陈寅恪先生学贯中西，融铸今古。他一方面继承和发展了中国乾嘉朴学大师的考据之学，另一方面又继承和发扬了西方近代考据之学，实又超出二者之上。他从不用僻书，而是在人人能读人人似能解的平常典籍中，发现别人视而不见的问题，即他常说的“发古人之覆”。他这种本领达到了极高明的地步，如燃犀烛照，洞察幽微，为学者所折服。陈先生不仅是考据家，而且是思想家，他对中国文化的理解，实超过许多哲学家。

九、德国 Heinrich Lüders（吕德斯）的 Philologica Indica（《印度语文学》）

在古今中外的学人中，我最服膺，影响我最深的，在中国是陈寅恪，在德国是吕德斯。后者也是考据圣手。什么问题一到他手中，便能鞭辟入里，如剥芭蕉，层层剥来，终至核心，所得结论，令人信服。我读他那些枯燥至极的考据文章，如读小说，成了最高的享受。

十、德国 E.Sieg（西克）、W.Siegling（西克灵）和 W.Schulze（舒尔茨）的 Tocharische Grammatik（《吐火罗语法》）

吐火罗语是一种前所未知的新疆古代民族语言。考古学家发掘出来了一些残卷，字母基本上是能认识的，但是语言结构，则毫无所知。三位德国学者通力协作，经过了二三十年的日日夜夜，终于读通，而且用德国学者有名的“彻底性”写出了一部长达 518 页的皇皇巨著，成了世界学坛奇迹。

1993 年 5 月 29 日

我的书斋

最近身体不太好。内外夹攻，头绪纷繁，我这已届耄耋之年的神经有点吃不消了。于是下定决心，暂且封笔。乔福山同志打来电话，约我写点什么。我遵照自己的决心，婉转拒绝。但一听这题目是“我的书斋”，于我心有戚戚焉，立即精神振奋，暂停决心，拿起笔来。

我确实有个书斋，我十分喜爱我的书斋。这个书斋是相当大的，大小房间，加上过厅、厨房，还有封了顶的阳台，大大小小，共有八个单元。藏书册数从来没有统计过，总有几万册吧。在北大教授中，“藏书状元”我恐怕是当之无愧的。而且在梵文和西文书籍中，有一些堪称海内孤本。我从来不以藏书家自命，然而坐拥如此大的书城，心里能不沾沾自喜吗？

我的藏书都像是我的朋友，而且是密友。我虽然对它们并不是每一本都认识，它们中的每一本却都认识我。我每走进我的书斋，书籍们立即活跃起来，我仿佛能听到它们向我问好的声音，我仿佛看到它们向我招手的情景，倘若有人问我，书籍的嘴在什么地方？而手又在什么地方呢？我只能说："你的根器太浅，努力修持吧。有朝一日，你会明白的。"

我兀坐在书城中，忘记了尘世的一切不愉快的事情，怡然自得。以世界之广，宇宙之大，此时却仿佛只有我和我的书友存在。窗外粼粼碧水，丝丝垂柳，阳光照在玉兰花的肥大的绿叶子上，这都是我平常最喜爱的东西，现在也都视而不见了。连平常我喜欢听的鸟鸣声"光棍儿好过"，也听而不闻了。

我的书友每一本都蕴涵着无量的智慧。我只读过其中的一小部分。这智慧我是能深深体会到的。没有读过的那一些，好像也不甘落后，它们不知道是施展一种什么神秘的力量，把自己的智慧放了出来，像波浪似的涌向我来。可惜我还没有修炼到能有"天眼通"和"天耳通"的水平，我还无法接受这些智慧之流。如果能接受的话，我将成为世界上古往今来最聪明的人。我自己也去努力修持吧。

我的书友有时候也让我窘态毕露。我并不是一个不爱清洁和秩序的人，但是，因为事情头绪太多，脑袋里考虑的学术问题和写作问题也不少，而且每天都收到大量寄来的书籍和报刊杂志以及信件，转瞬之间就摞成一摞。在这样的情况下，如果我需要一本书，往往是遍寻不得。"只在此屋中，书深不知处”，急得满头大汗，也是枉然。只好到图书馆去借，等我把文章写好，把书送还图书馆后，无意之间，在一摞书中，竟找到了我原来要找的书，“得来全不费功夫”，然而晚了，功夫早已费过了。我啼笑皆非，无可奈何。等到用另一本书时，再重演一次这出喜剧。我知道，我要寻找的书友，看到我急得那般模样，会大声给我打招呼的，但是喊破了嗓子，也无济于事。我还没有修持到能听懂书的语言的水平。我还要加倍努力去修持。我有信心。将来一定能获得真正的“天眼通”和“天耳通”，只要我想要哪一本书，那一本书就会自己报出所在之处，我一伸手，便可拿到，如探囊取物。这样一来，文思就会像泉水般地喷涌，我的笔变成了生花妙笔，写出来的文章会成为天下之至文。到了那时，我的书斋里会充满了没有声音的声音，布满了没有形象的形象。我同我的书友们能够自由地互通思想，交流感情。我的书斋会成为宇宙间第一神奇的书斋。岂不猗欤休哉！

我盼望有这样一个书斋。

1993 年 6 月 22 日

我和书

古今中外都有一些爱书如命的人。我愿意加入这一行列。

书能给人以知识，给人以智慧，给人以快乐，给人以希望。但也能给人带来麻烦，带来灾难。在“文化大革命”的年代里，我就以收藏封资修大洋古书籍的罪名挨过批斗。1976年地震的时候，也有人警告我，我坐拥书城，夜里万一有什么情况，书城将会封锁我的出路。

批斗对我已成过眼云烟，那种万一的情况也没有发生，我“死不改悔”，爱书如故，至今藏书已经发展到填满了几间房子。除自己购买以外，赠送的书籍越来越多。我究竟有多少书，自己也说不清楚。比较起来，大概是相当多的。搞抗震加固的一位工人师傅就曾多次对我说：这样多的书，他过去没有见过。学校领导对我额外加以照顾，我如今已经有了几间真正的书窝，那种卧室、书斋、会客室三位一体的情况，那种

“初极狭，才通人”的桃花源的情况，已经成为历史陈迹了。

有的年轻人看到我的书，瞪大了吃惊的眼睛问我：“这些书你都看过吗？”我坦白承认，我只看过极少极少的一点。“那么，你要这么多书干嘛呢？”这确实是难以回答的问题。我没有研究过藏书心理学，三言两语，我说不清楚。我相信，古今中外爱书如命者也不一定都能说清楚，即使说出原因来，恐怕也是五花八门的吧。

真正进行科学研究，我自己的书是远远不够的。也许我搞的这一行有点怪。我还没有发现全国任何图书馆能满足，哪怕是最低限度地满足我的需要。有的题目有时候由于缺书，进行不下去，只好让它搁浅。我抽屉里面就积压着不少这样的搁浅的稿子。我有时候对朋友们开玩笑说：“搞我们这一行，要想有一个满意的图书室简直比搞四化还要难。全国国民收入翻两番的时候，我们也未必真能翻身。”这绝非耸人听闻之谈，事实正是这样。同我搞的这一行有类似困难的，全国还有不少。这都怪我们过去底子太薄，解放后虽然做了不少工作，但是一时积重难返。我现在只有寄希望于未来，发呼吁于同行。我们大家共同努力，日积月累，将来总有一天会彻底改变目前情况的。古人说：“前人种树，后人乘凉。”让我们大家都来当种树人吧。

1985 年 7 月 8 日晨

我和北大图书馆

我对北大图书馆有一种特殊的感情，这种感情潜伏在我的内心深处，从来没有明确地意识到过。最近图书馆的领导同志要我写一篇讲图书馆的文章，我连考虑都没有，立即一口答应。但我立刻感到有点吃惊。我现在事情还是非常多的，抽点时间，并非易事。为什么竟立即答应下来了呢？如果不是心中早就蕴藏着这样一种感情的话，能出现这种情况吗？

山有根，水有源，我这种感情的根源由来已久了。

1946 年，我从欧洲回国。去国将近 11 年，在落叶满长安（长安街也）的深秋季节，又回到了北平。在北大工作，内心感情的波动是难以形容的：既兴奋，又寂寞；既愉快，又惆怅。然而我立刻就到了一个可以安身立命的地方，这就是北大图书馆。当时我单身住在红楼，我的办公室（东语系办公室）是在灰楼。图书馆就介乎其中。承当时图书馆的领导特别垂青，在图书馆里给了我一间研究室，在楼下左侧。窗外是到灰楼去的必由之路，经常有人走过，不能说是很清静。但是在图书馆这一面，却是清静异常。我的研究室左右，也都是教授研究室，当然室各有主，但是颇少见人来，所以走廊里静如古寺，真是念书写作的好地方。我能在奔波数万里、扰攘十几年，有时梦想得到一张一尺见方的书桌而渺不可得的情况下，居然有了一间窗明几净的研究室，简直如坐天堂，如享天福了。当时我真想咬一下自己的手，看一看自己是否是做梦。

研究室的真正要害还不在窗明几净——当然，这也是必要的——而在有没有足够的书。在这一点上，我也得到了意外的满足。图书馆的领导允许我从书库里提一部分必要的书，放在我的研究室里，供随时查用。我当时是东语系的主任，虽然系非常小，没有多少学生，但是，麻雀虽小，五脏俱全，仍然有一些会要开，一些公要办，所以也并不太闲。可是我一有机会，就遁入我的研究室去，“躲进小楼成一统”，这地方是我的天下。我一进屋，就能进入角色，潜心默读，坐拥书城，其乐实在是不足为外人道也。我回国以后，由于资料缺乏，在国外时的研究工作，无法进行，只能有多大碗，吃多少饭，找一些可以发挥自己的长处而又有利于国计民生的题目，来进行研究。北大图书馆藏书甲全国大学，我需要的资料基本上能找得到，因此还能够写出一些东西来。如果换一个地方，我必如车辙中的鲋鱼那样，什么书也看不到，什么文章也写不出，不但学业上不能进步，长此以往，必将索我于鲍鱼之肆了。

作为全国最高学府的北京大学，我们有悠久的爱国主义的革命历史传统，有实事求是的学术传统，这些都是难能可贵的；但是，我认为，一个第一流的大学，必须有第一流的设备、第一流的图书、第一流的教师、第一流的学者和第一流的管理。五个第一流，缺一不可。我们北大可以说具备这五个第一流的。因此，我们有充分的基础，可以来弘扬祖国的优秀文化，为我国四化建设培养德才兼备的人才，对外为祖国争光，对内为人民立功，仰不愧于天，俯不怍于地，充满信心地走向光辉的未来。在这五个第一流中，第一流的图书更显得特别突出。北大图书馆是全国大学图书馆的翘楚。这是世人之公言，非我一个之私言。我们为此应该感到骄傲，感到幸福。

但是，我们全校师生员工却不能躺在这个骄傲上、这个幸福上睡大觉。我们必须努力学习，努力工作，像爱护自己的眼球一样，爱护北大，爱护北大的一草一木、一山一石，爱护我们的图书馆。我们图书馆的藏书盈架充栋，然而我们应该知道，一部一册来之不易，一页一张得之维艰。我们全体北大人必须十分珍惜爱护。这样，我们的图书馆才能有长久的生命，我们的骄傲与幸福才有坚实的基础。愿与全校同仁共勉之。

1991 年 11 月 6 日

十年回顾

自己觉得德国十年的学术回忆好像是写完了。但是，仔细一想，又好像是没有写完，还缺少一个总结回顾，所以又加上了这一段。把它当作回忆的一部分，或者让它独立于回忆之外，都是可以的。

在我一生六十多年的学术研究的过程中，德国十年是至关重要的关键性的十年。我在上面已经提到过，如果我的学术研究有一个发轫期的话，真正的发轫不是在清华大学，而是在德国哥廷根大学。我也提到过，如果我不是由于一个非常偶然的机遇来到德国的话，我的一生将会完完全全是另一个样子。我今天究竟会在什么地方，还能不能活着，都是一个未知数。

但是，这个十年并不是一个简单的十年，有它辉煌成功的一面，也有它阴暗悲惨的一面。所有这一切都比较详细地写在我的《留德十年》一书中，读者如有兴趣，可参阅。因为我现在写的《自述》重点是在学术。在生活方面，如无必要，我不涉及。我在上面写的我在哥廷根十年的学术活动，主要以学术论文为经，写出了我的经验与教训。我现在想以读书为纲，写我读书的情况。我辈知识分子一辈子与书为伍，不是写书，就是读书，二者是并行的，是非并行不可的。

我已经活过了 8 个多十年，已经到了望九之年。但是，在读书条件和读书环境方面，哪一个十年也不能同哥廷根的十年相比。在生活方面，我是一个最枯燥乏味的人，所有的玩的东西，我几乎全不会，也几乎全无兴趣。我平生最羡慕两种人：一个是画家，一个是音乐家。而这两种艺术是最需天才的，没有天赋而勉强对付，绝无成就。可是造化小儿偏偏跟我开玩笑，只赋予我这方面的兴趣，而不赋予我那方面天才。《汉书·董仲舒传》说："古人有言曰：'临渊羡鱼，不如退而结网。'"我极想"退而结网"，可惜找不到结网用的绳子，一生只能做一个羡鱼者。我自己对我这种个性也并不满意。我常常把自己比作一盆花，只有枝干而没有绿叶，更谈不到有什么花。

在哥廷根的 10 年，我这种怪脾气发挥得淋漓尽致。哥廷根是一个小城，除了一个剧院和几个电影院以外，任何消遣的地方都没有。我又是一介穷书生，没有钱，其实也是没有时间冬夏两季到高山和海滨去旅游。我所有的仅仅是时间和书籍。

学校从来不开什么会。有一些学生会偶尔举行晚会跳舞，我去了以后，也只能枯坐一旁，呆若木鸡。这里中国学生也极少，有一段时间，全城只有我一个中国人。这种孤独寂静的环境，正好给了我空前绝后的读书的机会。我在国内不是没有读过书，但是，从广度和深度两个方面来看，什么时候也比不上在哥廷根。

我读书有两个地方，分两大种类，一个是有关梵文、巴利文和吐火罗文等等的书籍，一个是汉文的书籍。我很少在家里读书，因为我没有钱买专业图书，家里这方面的书非常少。在家里，我只在晚上临睡前读一些德文的小说，Thomas Mann 的名著 *Buddenbrooks*[①] 就是这样读完的。我早晨起床后在家里吃早点，早点极简单，只有两片面包和一点黄油和香肠。到了后来，第二次世界大战爆发后，首先在餐桌上消逝的是香肠，后来是黄油，最后只剩一片有鱼腥味的面包了。最初还有茶可喝，后来只能喝白开水了。早点后，我一般是到梵文研究所去，在那里一待就是一天，午饭在学生食堂或者饭馆里吃，吃完就回研究所。整整十年，不懂什么叫午睡，德国人也没有午睡的习惯。

我读梵文、巴利文、吐火罗文的书籍，一般都是在梵文研究所里。因此，我想先把梵文研究所图书收藏的情况介绍一

① 即《布登勃洛克一家》。——编者注

下。哥廷根大学的各个研究所都有自己的图书室。梵文图书室起源于何时、何人，我当时就没有细问。可能是源于 Franz Kielhorn，他是哥廷根大学的第一个梵文教授。他在印度长年累月搜集到的一些极其珍贵的碑铭的拓片，都收藏在研究所对面的大学图书馆里。他的继任人 Hermann Oldenberg 在他逝世后把大部分藏书都卖给了或者赠给了梵文研究所。其中最珍贵的还不是已经出版的书籍，而是零篇的论文。当时 Oldenberg 是国际上赫赫有名的梵学大师，同全世界各国的同行们互通声气，对全世界梵文研究的情况了如指掌。广通声气的做法不外一是互相邀请讲学，二是互赠专著和单篇论文。专著易得，而单篇论文，由于国别太多，杂志太多，搜集颇为困难。只有像 Oldenberg 这样的大学者才有可能搜集比较完备。Oldenberg 把这些单篇论文都装订成册，看样子是按收到时间的先后顺序装订起来的，并没有分类。皇皇几十巨册，整整齐齐地排列书架上。我认为，这些零篇论文是梵文研究所的镇所之宝。除了这些宝贝以外，其他梵文、巴利文一般常用的书都应有尽有。其中也不乏名贵的版本，比如 Max Müller 校订出版的印度最古的典籍《梨俱吠陀》原刊本，Whitney 校订的《阿闼婆吠陀》原刊本。Boehtlingk 和 Roth 的被视为词典典范的《圣彼得堡梵德大词典》原本和缩短本，也都是难得的书籍。至于其他字典和工具书，无不应有尽有。

我每天几乎是一个人坐拥书城，“躲进小楼成一统”，我就是这些宝典的伙伴和主人，它们任我支配，其威风虽南面王不易也。整个 Gauss-Weber-Haus 平常总是非常寂静，里面的人不多，而德国人又不习惯于大声说话，干什么事都只静悄悄的。门外介于研究所与大学图书馆之间的马路，是通往车站的交通要道；但是哥廷根城还不见汽车，于是本应该喧阗的马路，也如“结庐在人境，而无车马喧”。这真是一个读书的最理想的地方。

除了礼拜天和假日外，我每天就到这里来。主要工作是同三大厚册的 Mahvastu 拼命。一旦感到疲倦，就站起来，走到摆满了书的书架旁，信手抽出一本书来，或浏览，或仔细阅读。积时既久，我对当时世界上梵文、巴利文和佛教研究的情况，心中大体上有一个轮廓。世界各国的有关著作，这里基本上都有。而且德国还有一种特殊的购书制度，除了大学图书馆有充足的购书经费之外，每一个研究所都有自己独立的购书经费，教授可以任意购买他认为有用的书，不管大学图书馆是否有复本。当 Waldschmidt 被征从军时，这个买书的权力就转到了我的手中。我愿意买什么书，就买什么书。书买回来以后，编目也不一定很科学，把性质相同或相类的书编排在一起就行了。借书是绝对自由的，有一个借书簿，自己写上借出书的书名、借出日期；归还时，写上一个归还日期就行了。从来没有人来管，可是也从来没有丢过书，不管是多么珍贵的版本。除了书籍以外，世界各国有关印度学和东方学的杂志，这里也应有尽有。总之，这是一个很不错的专业图书室。

我就是在这样的情况下畅游于书海之中。我读书粗略地可以分为两类：一类是细读的，一类是浏览的。细读的数目不可能太多。学梵文必须熟练地掌握语法。我上面提到的 Stenzler 的《梵文基础读本》，虽有许多优点，但是毕竟还太简略；入门足够，深入却难。在这时候必须熟读 Kielhorn 的《梵文文法》，我在这一本书上下过苦工夫，读了不知多少遍。其次，我对 Oldenberg 的几本书，比如《佛陀》等等都从头到尾细读过。他的一些论文，比如分析 Mah vastu 的文体的那一篇，为了写论文，我也都细读过。Whitney 和 Wackernagel 的梵文文法，Debruner 续 Wackernagel 的那一本书，以及 W.Geiger 的关于巴利文的著作，我都下过工夫。但是，我最服膺的还是我的太老师 Heinrich Lüders，他的书，我只要能得到，就一定仔细阅读。他的论文集 *Philologica Indica* 是一部很大的书，我从头到尾仔细读过一遍，有的文章读过多遍。像这样研究印度古代语言、宗教、文学、碑铭等的对一般人来说都是极为枯燥、深奥的文章，应该说是最乏味的东西。喜欢读这样文章的人恐怕极少极少，然而我却情有独钟；我最爱读中外两位大学者的文章，中国是陈寅恪先生，西方就是 Heinrich Lüders 先生。这两位大师实有异曲同工之妙。他们为文，如剥春笋，一层层剥下去，愈剥愈细；面面俱到，巨细无遗；叙述不讲空话，论证必有根据；从来不引僻书以自炫，所引者多为常见书籍；别人视而不见的，他们偏能注意；表面上并不艰深玄奥，于平淡中却能见神奇；有时真如“山重水复疑无路”，转眼间“柳暗花明又一村”；迂回曲折，最后得出结论，让你顿时觉得豁然开朗，口服心服。人们一般读文学作品能得美感享受，身轻神怡。然而我读两位大师的论文时得到的美感享受，与读文学作品时所得到的迥乎不同，却似乎更深更高。也许有人会认为这是我个人的怪癖；我自己觉得，这确实是“癖”，然而毫无“怪”可言。“此中有真意，欲辨已忘言”，实不足为外人道也。

上面谈的是我读梵文著作方面的一些感受。但是，当时我读的书绝不限于梵文典籍。我在上面已经说到，哥廷根大学有一个汉学研究所。所内有一个比梵文研究所图书室大到许多倍的汉文图书室。为什么比梵文图书室大这样多呢？原因是大学图书馆中没有收藏汉籍，所有的汉籍以及中国少数民族的语言，如藏文、蒙文、西夏文、女真文之类的典籍都收藏在汉学研究所中。这个所的图书室，由于 Gustav Haloun 教授的惨淡经营，大量从中国和日本购进汉文典籍，在欧洲颇有点名气。我曾在那里会见过许多世界知名的汉学家，比如英国的 Athur Waley 等等。汉学研究所所在的大楼比 Gauss-Weber-Haus 要大得多，也宏伟得多；房子极高极大。汉学研究所在二楼上，上面还有多少层，我不清楚。我始终也没有弄清楚，偌大一座大楼是做什么用的。十年之久，我不记得，除了打扫卫生的一位老太婆，还在这里见到过什么人。院子极大，有极高极粗的几棵古树，样子都有五六百年的树龄，地上绿草如茵。楼内楼外，干干净净，比梵文研究所更寂静，也更幽雅，真是读书的好地方。

我每个礼拜总来这里几次，有时是来上课，更多的是来看书。我看得最多的是日本出版的《大正新修大藏经》。有一段时间，我帮助 Waldschmidt 查阅佛典。他正写他那一部有名的关于释迦牟尼涅槃前游行的叙述的大著。他校刊新疆发现的佛经梵文残卷，也需要汉译佛典中的材料，特别是唐义净译的那几部数量极大的“根本说一切有部的律”。至于我自己读的书，则范围广泛。十几万册汉籍，本本我都有兴趣。到了这里，就仿佛回到了祖国一般。我记得这里藏有几部明版的小说。是否是宇内孤本，因为我不通此道，我说不清楚。即使是的话，也都埋在深深的“矿井”中，永世难见天日了。自从 1937 年 Gustav Haloun 教授离开哥廷根大学到英国剑桥大学去任汉学讲座教授以后，有很长一段时间，汉学研究所就由我一个人来管理。我每次来到这里，空荡荡的六七间大屋子就只有我一个人，万籁俱寂，静到能听到自己心跳的声音。在绝对的寂静中，我盘桓于成排的大书架之间，架上摆的是中国人民智慧的结晶，我心中充满了自豪感。我翻阅的书很多；但是我读得最多的还是一大套上百册的中国笔记丛刊，具体的书名已经忘记了。笔记是中国特有的一种著述体裁，内容包罗万象，上至宇宙，下至鸟兽虫鱼，以及身边琐事、零星感想，还有一些历史和科技的记述，利用得好，都是十分有用的资料。我读完了全套书，可惜我当时还没有研究糖史的念头，很多有用的资料白白地失掉了。及今思之，悔之晚矣。

我在哥廷根读梵、汉典籍，情况大体如此。

1997 年

抓住一个问题终生不放

根据我个人的观察，一个学人往往集中一段时间，钻研一个问题，搜集极勤，写作极苦。但是，文章一旦写成，就把注意力转向另外一个题目，已经写成和发表的文章就不再注意，甚至逐渐遗忘了。我自己这个毛病比较少，我往往抓住一个题目，得出了结论，写成了文章；但我并不把它置诸脑后，而是念念不忘。我举几个例子。

我于 1947 年写过一篇论文《浮屠与佛》，用汉文和英文发表。但是限于当时的条件，其中包括外国研究水平和资料，文中有几个问题勉强得到解决，自己并不满意，耿耿于怀者垂四十余年。一直到 1989 年，我得到了新材料，又写了一篇《再谈“浮屠”与“佛”》，解决了那个悬而未决的问题，心中极喜。最令我欣慰的是，原来看似极大胆的假设竟然得到了证实，心中颇沾沾自喜，对自己的研究更增强了信心，觉得自己的“假设”确够“大胆”，而“求证”则极为“小心”。

第二个例子是关于佛典梵语中 -am>o 和 u 的几篇文章。1944 年我在德国哥廷根写过一篇论文，谈这个问题，引起了国际上一些学者的注意。有人，比如美国的 F.Edgerton，在他的巨著《混合梵文文法》中多次提到这个音变现象。最初坚决反对，提出了许多假说，但又前后矛盾，不能自圆其说，最后，半推半就，被迫承认，却又不干净利落，窘态可掬。因此引起了我对此人的鄙视。回国以后，我连续写了几篇文章，对 Edgerton 加以反驳。但在我这方面，我始终没有忘记进一步寻找证据，进一步探索。这些情况我在上面的叙述中都已经谈到过。由于资料缺乏，一直到了 1990 年，上距 1944 年已经过了 46 年，我才又写了一篇比较重要的论文《新疆古代民族语言中语尾 -am>u 的现象》。在这里，我用大量的新资料，证明了我第一篇论文的结论完全正确，无懈可击。

例子还能举出一些来，但是，我觉得，这两个也就够了。我之所以不厌其烦地谈论这个问题，是因为我看到有一些学者，在某一个时期集中精力研究一个问题，成果一出，立即罢手。我不认为这是正确的做法。学术问题，有时候一时难以下结论，必须锲而不舍，终生以之，才可能得到越来越精确可靠的结论。有时候，甚至全世界都承认其为真理的学说，时过境迁，还有人提出异议。听说，国外已有学者对达尔文的“进化论”提出了不同的看法。我认为，这不是坏事，而是好事，真理的长河是永远流逝不停的。

搜集资料必须有竭泽而渔的气魄

对研究人文社会科学的人来说，资料是最重要的。在旧时代，虽有一些类书之类的书籍，可供搜集资料之用，但作用毕竟有限。一些饱学之士主要靠背诵和记忆。后来有了索引（亦称引得），范围也颇小。到了今天，可以把古书输入电脑，这当然方便多了。但是已经输入电脑的书，为数还不太多，以后会逐渐增加的。到了大批的古书都能输入电脑的时候，搜集资料，竭泽而渔，便易如反掌了。那时候的工作重点便由搜集转为解释，工作也不能说是很轻松的。

我这一生，始终从事人文社会科学的研究工作。我搜集资料始终还是靠老办法，笨办法，死办法。只有一次尝试利用电脑，但可以说是毫无所得，大概是那台电脑出了毛病。因此我只能用老办法，一直到我前几年集中精力写《糖史》时，还是靠自己一页一页地搜寻的办法。关于这一点，我在上面已经谈到过，这里不再重复了。

不管用什么办法，搜集资料决不能偷懒，决不能偷工减料，形象的说法就是要有竭泽而渔的魄力。在电脑普遍使用之前，真正做到百分之百的竭泽而渔，是根本不可能的。但是，我们至少也必须做到广征博引，巨细不遗，尽可能地把能搜集到的资料都搜集在一起。科学研究工作没有什么捷径，一靠勤奋，二靠个人的天赋，而前者尤为重要。我个人认为，学者的大忌是仅靠手边一点搜集到的资料，就茫然做出重大的结论。我生平有多次经验，或者毋宁说是教训，我对一个问题做出了结论，甚至颇沾沾自喜，认为是不刊之论。然而，多半是出于偶然的机会，又发现了新资料，证明我原来的结论是不全面的，或者甚至是错误的。因此，我时时提醒自己，千万不要重蹈覆辙。

总之，一句话：搜集资料越多越好。

如何搜集资料

进行科学研究，必须搜集资料，这是不易之理。但是，搜集资料并没有什么一定之规。最常见的办法是使用卡片，把自己认为有用的资料抄在上面，然后分门别类，加以排比。可这也不是唯一的办法。陈寅恪先生把有关资料用眉批的办法，今天写上一点，明天写上一点，积之既久，资料多到能够写成一篇了，就从眉批移到纸上，就是一篇完整的文章。比如，他对《高僧传·鸠摩罗什传》的眉批，竟比原文还要多几倍，是一个典型的例子。我自己既很少写卡片，也从来不用眉批，而是用比较大张的纸，把材料写上。有时候随便看书，忽然发现有用的材料，往往顺手拿一些手边能拿到的东西，比如通知、请柬、信封、小纸片之类，把材料写上，再分类保存。我看到别人也有这个情况，向达先生有时就把材料写在香烟盒上。用比较大张的纸有一个好处，能把有关的材料都写在上面，约略等于陈先生的眉批。卡片面积太小，这样做是办不到的。材料抄好以后，要十分认真细心地加以保存，最好分门别类装入纸夹或纸袋。否则，如果一时粗心大意丢上张把小纸片，上面记的可能是最关重要的材料，这样会影响你整篇文章的质量，不得不黾勉从事。至于搜集资料要巨细无遗，要有竭泽而渔的精神，这是不言自喻的。但是，要达到百分之百的完整的程度，那也是做不到的。不过我们千万要警惕，不能随便搜集到一点资料，就动手写长篇论文。这样写成的文章，其结论之不可靠是显而易见的。与此有联系的就是要注意文献目录。只要与你要写的文章有关的论文和专著的目录，你必须清楚。否则，人家已经有了结论，而你还在卖劲地论证，必然贻笑方家，不可不慎。

我想顺便谈一谈材料有用无用的问题。严格讲起来，天下没有无用的材料，问题是对谁来说，在什么时候说。就是对同一个人，也有个时机问题。大概我们都有这样的经验：只要你脑海里有某一个问题，一切资料，书本上的、考古发掘的、社会调查的等等，都能对你有用。搜集这样的资料也并不困难，有时候资料简直是自己跃入你的眼中。反之，如果你脑海里没有这个问题，则所有这样的资料对你都是无用的。但是，一个人脑海里思考什么问题，什么时候思考什么问题，有时候自己也掌握不了。一个人一生中不知要思考多少问题。当你思考甲问题时，乙问题的资料对你没有用。可是说不定什么时候你会思考起乙问题来。你可能回忆起以前看书时曾碰到过这方面的资料，现在再想去查找，可就“云深不知处”了。这样的经验我一生不知碰到多少次了，想别人也必然相同。

那么怎么办呢？最好脑海里思考问题，不要单打一，同时多思考几个，而且要念念不忘，永远不让自己的脑子停摆，永远在思索着什么。这样一来，你搜集面就会大得多，漏网之鱼也就少得多。材料当然也就积累得多。“养兵千日，用兵一时，”一旦用起来，你就左右逢源了。

1988 年

如何利用时间

时间就是生命，这是大家都知道的道理。而且时间是一个常数，对谁都一样，谁每天也不会多出一秒半秒。对我们研究学问的人来说，时间尤其珍贵，更要争分夺秒。但是各人的处境不同，对某一些人来说就有一个怎样利用时间的“边角废料”的问题。这个怪名词是我杜撰出来的。时间摸不着看不见，但确实是一个整体，哪里会有什么“边角废料”呢？这只是一个形象的说法。平常我们做工作，如果一整天没有人和事来干扰，你可以从容濡笔，悠然怡然，再佐以龙井一杯，云烟三支，神情宛如神仙，整个时间都是你的，那就根本不存在什么“边角废料”问题。但是有多少人能有这种神仙福气呢？鲁钝如不佞者几十年来就做不到。新中国成立以来，我搞了不知多少社会活动，参加了不知多少会，每天不知有多少人来找，心烦意乱，啼笑皆非。回想“十年浩劫”期间，我成了“不可接触者”，除了蹲牛棚外，在家里也是门可罗雀。《罗摩衍那》译文八巨册就是那时候的产物。难道为了读书写文章就非变成“不可接触者”或者右派不行吗？浩劫一过，我又是门庭若市，而且参加各种各样的会，终日马不停蹄。我从前读过马雅可夫斯基的《开会迷》和张天翼的《华威先生》，觉得异常可笑，岂意自己现在就成了那一类人物，岂不大可哀哉！但是，人在无可奈何的情况下是能够想出办法来的。现在我既然没有完整的时间，就挖空心思利用时间的“边角废料”。在会前、会后，甚至在会中，构思或动笔写文章。有不少会，空话废话居多，传递的信息量却不大，态度欠端，话风不正，哼哼哈哈，不知所云，又佐之以“这个”“那个”，间之以“唵”“啊”，白白浪费精力，效果却是很少。在这时候，我往往只用一个耳朵或半个耳朵去听，就能兜住发言的全部信息量，而把剩下的一个耳朵或一个半耳朵全部关闭，把精力集中到脑海里，构思，写文章。当然，在飞机上、火车上、汽车上，甚至自行车上，特别是在步行的时候，我脑海里更是思考不停。这就是我所说的利用时间的“边角废料”。积之既久，养成“恶”习，只要在会场一坐，一闻会味，心花怒放，奇思妙想，联翩飞来，“天才火花”，闪烁不停。此时文思如万斛泉涌，在鼓掌声中，一篇短文即可写成，还耽误不了鼓掌。倘多日不开会，则脑海活动，似将停止，“江郎”仿佛“才尽”。此时我反而期望开会了。这真叫做没有法子。

1988 年

才、学、识

我认为，要想从事科学研究工作，应该在四个方面下工夫：一、理论；二、知识面；三、外语；四、汉文。唐代刘知几主张，治史学要有才、学、识。我现在勉强套用一下，理论属识，知识面属学，外语和汉文属才，我在下面分别谈一谈。

理　论

现在一讲理论，我们往往想到马克思主义。这样想，不能说不正确。但是，必须注意几点。一、马克思主义随时代而发展，绝非僵化不变的教条。二、不要把马克思主义说得太神妙，令人望而生畏，对它可以批评，也可以反驳。我个人认为，马克思主义的精髓就是唯物主义和辩证法。唯物主义就是实事求是。把黄的说成是黄的，是唯物主义。把黄的说成是黑的，是唯心主义。事情就是如此简单明了。哲学家们有权利去作深奥的阐述，我辈外行，大可不必。至于辩证法，也可以作如是观。看问题不要孤立，不要僵死，要注意多方面的联系，在事物运动中把握规律，如此而已。我这种幼儿园水平的理解，也许更接近事实真相。

除了马克思主义以外，古今中外一些所谓唯心主义哲学家的著作，他们的思维方式和推理方式，也要认真学习。我有一个奇怪的想法：百分之百的唯物主义哲学家和百分之百的唯心主义哲学家，都是没有的。这就和真空一样，绝对的真空在地球上是没有的。中国古话说“智者千虑，必有一失”，就是这个意思。因此，所谓唯心主义哲学家也有不少东西值得我们学习的。我们千万不要像过去那样把十分复杂的问题简单化和教条化，把唯心主义的标签一贴，就“奥伏赫变”[①]。

知识面

要求知识面广，大概没有人反对。因为，不管你探究的范围多么窄狭，多么专门，只有在知识广博的基础上，你的眼光才能放远，你的研究才能深入。这样说已经近于常识，不必再做过多的论证了。我想在这里强调一点，这就是，我们从事人文科学和社会科学研究的人，应该学一点科学技术知识，能够精通一门自然科学，那就更好。今天学术

---

① aufheben 的音译，意译为“辩证法”。——编者注

发展的总趋势是，学科界线越来越混同起来，边缘学科和交叉学科越来越多。再像过去那样，死守学科阵地，鸡犬之声相闻，老死不相往来，已经完全不合时宜了。此外，对西方当前流行的各种学术流派，不管你认为多么离奇荒诞，也必须加以研究，至少也应该了解其轮廓，不能简单地盲从或拒绝。

外 语

外语的重要性，尽人皆知。若再详细论证，恐成蛇足。我在这里只想强调一点：从今天的世界情势来看，外语中最重要的是英语，它已经成为名副其实的世界语。这种语言，我们必须熟练掌握，不但要能读，能译，而且要能听，能说，能写。今天写学术论文，如只用汉语，则不能出国门一步，不能同世界各国的同行交流。如不能听说英语，则无法参加国际学术会议。情况就是如此地咄咄逼人，我们不能不认真严肃地加以考虑。

汉 语

我在这里提出汉语来，也许有人认为是非常异议可怪之论。“我还不能说汉语吗？”“我还不能写汉文吗？”是的，你能说，也能写。然而仔细一观察，我们就不能不承认，我们今天的汉语水平是非常成问题的。每天出版的报章杂志，只要稍一注意，就能发现别字、病句。我现在越来越感到，真要想写一篇准确、鲜明、生动的文章，绝非轻而易举。要能做到这一步，还必须认真下点功夫。我甚至想到，汉语掌握到一定程度，想再前进一步，比学习外语还难。只有承认这一个事实，我们的汉语水平才能提高，别字、病句才能减少。

我在上面讲了四个方面的要求。其实这些话都属于老生常谈，都平淡无奇。然而真理不往往就寓于平淡无奇之中吗？这同鲁迅先生讲的笑话中的“勤捉”一样，看似平淡，实则最切实可行，而且立竿见影。我想到这样平凡的真理，不敢自秘，便写了出来，其意不过如野叟献曝而已。

1988 年

研究学问的三个境界

王国维在他著的《人间词话》里说了一段话：

古今之成大事业大学问者，必经过三种之境界："昨夜西风凋碧树，独上高楼，望尽天涯路。"此第一境也。"衣带渐宽终不悔，为伊消得人憔悴。"此第二境也。"众里寻他千百度，蓦然回首，那人却在，灯火阑珊处。"此第三境也。

尽管王国维同我们在思想上有天渊之别，他之所谓"大学问""大事业"，也跟我们了解的不完全一样，但是这一段话的基本精神，我们是可以同意的。

现在我就根据自己一些经验和体会来解释一下王国维的这一段话。

“昨夜西风凋碧树，独上高楼，望尽天涯路。”意思是：在秋天里，夜里吹起了西风，碧绿的树木都凋谢了。树叶子一落，一切都显得特别空阔。一个人登上高楼，看到一条漫长的路，一直引到天边，不知道究竟有多么长。王国维引用这几句词，形象地说明了一个人立志做一件事情时的情景。志虽然已经立定，但是前路漫漫，还看不到什么具体的东西。

说明第二个境界的那几句词引自柳永的《凤栖梧》。王国维只是借用那两句话来说明：在工作进行中，一定要努力奋斗，刻苦钻研，日夜不停，坚持不懈，以致身体瘦削，连衣裳的带子都显得松了。但是，他（她）并不后悔，仍然是勇往直前，不顾自己的憔悴。

在三个境界中，这可以说是关键。根据我自己的体会，立志做一件事情以后，必须有这样的精神，才能成功。无论是在对自然的斗争中，还是在阶级斗争中，要想找出规律，来进一步推动工作，都是十分艰巨的事情。就拿我们从事教育和科学研究工作的人来说吧，搞自然科学的，既要进行细致深入的实验，又要积累资料。搞社会科学的，必须积累极其丰富的资料，并加以细致的分析和研究。在工作中，会遇到层出不穷的意想不到的困难，我们一定要坚忍不拔，百折不回，决不容许有任何侥幸求成的想法，也不容许徘徊犹豫。只有这样，才能得到最后的成功。

工作是艰苦的，工作的动力是什么呢？对王国维来说，工作的动力也许只是个人的名山事业。但是，对我们来说，动力应该是建设社会主义社会和共产主义社会。所以，我们今天的工作动力同王国维时代比起来，真有天渊之别了。

所谓不顾身体的瘦削，只是形象的说法，我们决不能照办。在王国维时代，这样说是可以的。但是到了今天，我们既要刻苦钻研，同时又要锻炼身体。一马万马的关系必须正确处理。

此外，我们既要自己钻研，同时也要兢兢业业地向老师学习。打一个不太确切的比喻，老师和学生一教一学，就好像是接力赛跑，一棒传一棒，跑下去，最后达到目的地。我们之所以要尊师，就是因为老师在一定意义上是跑前一棒的人。一方面，我们要从他手里接棒；另一方面，我们一定会比他跑得远，这就是所谓“青出于蓝，而胜于蓝”。

说明第三个境界的词引自辛弃疾的《青玉案·元夕》。意思是：到处找他（她），也不知道找了几百遍几千遍，只是找不到。猛一回头，那人原来就在灯火不太亮的地方。中国旧小说常见的“踏破铁鞋无觅处，得来全不费功夫”，表达的也是这个意思。王国维引用这几句词，来说明获得成功的情形。一个人既然立下大志做一件事情，于是就苦干、实干、巧干。但是什么时候才能成功呢？对于这个问题大可以不必过分考虑。只要努力干下去，而方法又对头，干得火候够了，成功自然就会到你身边来。

这三个境界，一般地说起来，是与实际情况相符的。就王国维所处的时代来说，他在科学研究方面所获得的成绩是极其辉煌的。他这一番话，完全出自亲自的体会和经验，因此才这样具体而生动。

到了今天，社会大大地进步了，我们的学习条件大大地改善了，我们的学习动力也完全不一样了；我们都应该立下雄心大志，一定要艰苦奋斗，攀登科学的高峰。

1959 年 7 月

把学术还给人民大众

关于是不是应该把学术还给人民大众这个问题，现在几乎没有详细讨论的必要了。我想，恐怕只有极少数的人还反对这样做，还想把学术关在天上，只放出点余光来，让留在地上的人民大众仰头赞叹，顶礼膜拜。但我为什么现在又把这个问题提出来呢？我的主要用意是想把一个在旧社会里生长起来的知识分子关于这方面思想改造的过程写出来，让大家看一看，对有些人也许还有点参考的价值。

我自己是一个在旧社会里生长起来的知识分子。自从自己有了点知识那一天起，我就有一个偏见：我反对一切通俗化的举措，看不起一切通俗化的书籍。我当然崇拜专家，但我所最崇拜的却是专门研究一个问题的专家。问题的范围愈小愈好，牛角愈钻得深愈好。最好是一头钻进去，钻上三年五载，然后写出一篇论文来，这篇论文也许世界上只有几个人肯读，只有几个人能够读得懂，这样一个专家在我眼中才真正是一个专家，才真正值得佩服。我在初中的时候，就崇拜过爱因斯坦，这并不是说我是一个神童，十几岁就了解了相对论。相对论我到现在还一丝一毫都不了解，何况二十年前？我当时甚至不知道爱因斯坦是男是女，是哪一国人，相对论是属于哪一门科学的。我只听说，相对论世界上只有七个半人懂，我于是立刻觉得，学问到了这个地步才真正算是学问，便对这位爱因斯坦先生肃然起敬了。后来自己弄印度和古代中亚语言学。倘若有人也研究印度语言学或古代中亚语言学，我当然并不反对。倘若有人在这方面有什么著作，我当然很高兴看到。但我自己所最向往的却是能够对印度语言学或古代中亚语言学上一个小到不能再小的问题写上一部大书，对一个简单的单字写上一篇长长的论文，最好还是能够写到深奥复杂到一个程度，让一般人，连专家在内，都看不懂，这样我觉得才够味，这样才是真正的学术，学术的妙处就在这一点神秘味。倘若有人写一部通俗的书，无论这个人是怎样有地位的专家，我过去也许对他曾经一度崇拜过，我立刻就会看不起他。他的书无论写得多么好，我总拒绝去看。有时我甚而还搜寻世界上最刻毒的话来批评，武断地抹杀它的一切好处，即便勉强看了有时候也觉得的确写得还不坏，但我的偏见却不让我去赞美它。我总觉得一本让大家都能看懂的书一定没有价值，大家都能看懂了，学术还有什么神秘味呢？学术而没有神秘味，那还值得我们崇拜吗？

我为什么这样做呢？当然并没有想到这问题，因为根本没有意识到还有这样一个问题存在。是不是有奇货可居的意思呢？在意识里，我自问确实是没有；但在潜意识里，那就不敢说了。几千年以来，无论是在世界上哪一个国土里，在所谓文明国家里也好，在所谓野蛮国家里也好，学问都操在一小部分的特权阶级手里，学问成了一部分人统治和压迫另一部分人的重要武器。中国古代有“民可使由之，不可使知之”的话，这完全暴露了统治阶级的心理。“民”怎样才可以“知”呢？有了学问就会知了。正像古代的天神把火的秘密紧紧地握在手里一样，统治者把学问紧紧地握在手里。他们还散布什么“劳心者治人，劳力者治于人”的谣言，劳心者就是有学问的人，劳力者就是没有学问的人，人而没有学问，当然只好被治了。同这谣言同时流行的还有一首大家都知道的诗：“天子重英豪，文章教尔曹。万般皆下品，唯有读书高。”这些谣言和这些诗歌都只有有学问的人才能创造。于是统治者就利用这些有学问的人，这些有学问的读书人也就帮助他们的“天子”把“民”一下统治了几千年。

在古代的印度情形也差不多。当时研究学问的种种方便都操在第一阶级的婆罗门手里，只有他们有权利可以同神们办交涉，他们可以诵读吠陀圣典，可以唱赞美神的诗，他们是有学问的人。他们也就利用他们的学问，把原始人创造的神话加以改变或者自己创造神话，来麻醉人民，好巩固自己的统治地位。我现在举一个例子，在古代印度人第一圣典《梨俱吠陀》第十卷里有一首诗叫做《原人歌》，里面有两段诗，我现在译在下面：

把原人分割开来，
有几种变现呢？
他的嘴是什么？
他的胳臂怎样？
他的腿怎样？
他的两足叫什么名字？

他的嘴是婆罗门，
他的胳臂是王族，
他的腿是吠舍（平民），
从他的双足里生出首陀罗（最低阶级）。

整个《原人歌》的意思就是把宇宙万物幻想成一个巨人，太阳是他的眼睛，风是他的呼吸，空界是从他的脐里生出来的，天界是他的头化成的，地界就是他的足——这些都可能是原始人类的想法。但有学问的婆罗门人就利用了这原始神话，把当时社会上存在的四个阶级的来源也神化了。因为自己是第一阶级，就说什么自己是从原人嘴里生出来的，阶级愈低，生出的地位也就愈低，到了首陀罗，就只好从原人的脚下面产生了。这当然都是鬼话，但学问在婆罗门手中，谣言也只好由他们来造，别的阶级只好受他们的麻醉了。

在欧洲中世纪我们找到同印度几乎完全相同的例子。当时教士阶级也是第一阶级，学问也几乎完全操在他们手里。他们自命是具有神圣性格的人，他们有独占管理圣餐的权利，与一般凡人迥乎不同。他们先用种种方法脱开了普通法律的羁绊，终于完全不受政府的支配。罗马有一位主教基拉西乌斯曾说："支配世界的有两种力量，教士与国王。第一种力量当然在第二种之上，因为人类行为，连国王在内，都是由他们对上帝负责。"他们的想法，他们的作风，完全同他们在印度的同事婆罗门一样。倘若有人说，上面这一段话是一位印度婆罗门说的，我想，也没有人会怀疑。

类似上面的例子还可以举出很多来，但只是上面举的几个例子也就可以告诉我们，特权阶级怎样有意识地或无意识地利用学问来巩固他们的特权，维持他们在社会上高高在上的地位。我自己以前之所以反对把学术通俗化，是不是也有这个动机，我自己确实还没有意识到，但在潜意识里恐怕就很难免有这样的动机。

但终于来了解放。对我自己说，解放真像暗夜里一线光明，照澈了许多糊里糊涂的思想。我过去当然不会是唯物，但也谈不上唯心，我根本没有唯什么，只是模糊一团。我自己研究的是印度语言学和中亚古代语文。这一切就是我的天地，我天天同各种奇形怪状的字母相对，脑筋里想到的只是文法变化，根本没有时间，也根本没有兴趣来谈哲学上思想上的问题，谈唯什么的问题，虽然思想里存在着许多唯心的不科学的成分。解放以后，大家都搞学习，我也参加进去。到现在已经半年多了，我绝不敢说，我的思想已经打通了，但对许多问题的看法却已经在潜移默化中大大地改变了。以前根本没有想到像自己这样一个人还有这样多的问题。当然我从来没有认为自己已经是尽善尽美，但也没有觉到自己还有检讨一下自己的必要。让我改变看法的主要原因，除了书本子上的理论以外，就是实际的例子。我几乎天天在报纸上读到作为新中国的主人的工人的创造天才，读到关于工人工作情绪高扬的记载。我钦佩这些以前被压迫的从来没有多少机会求得学问的人们的精神。另外，我还看到了真正的民间艺术。对这些艺术我以前也没有什么了解，也可以说是，没有了解的机会。但我现在却亲耳听到了民歌和根据民歌改造的歌，我亲眼看到了在匈牙利获得特奖的民间舞蹈艺术腰鼓舞。这些歌声才真正是盛世之音，里面洋溢着一片生机、一团力量，确实能够表达出新中国伟大的精神，象征出中国将来远大灿烂的前途。再回想起解放前随地都可以听到的柔媚的歌声，古人所谓亡国之音大概就是那样罢。说到民间舞蹈，更是住在大都市里的知识分子连做梦也没有想到的。腰鼓舞获得世界特奖，有少数的人还觉得奇怪；但我却以为，像中国腰鼓舞这样的艺术，倘若在世界上得不到特奖，那才是怪事呢。像这样的例子真是不胜枚举。我现在才真正认识了人民大众的伟大，我仿佛是一个井底之蛙，今天从井里跳出来，看到了天地之大。过去有一个时期我也是相信“英雄造时势”的。我觉得历史就是几个所谓伟人造成的，没有他们，社会就没有变化，他们就是社会进化的原动力。说到学术，我更坚定不移地相信，一部学术史就是几个大学者的历史。没有哥白尼，我们就一直到现在还会相信，太阳绕着地球转；没有爱因斯坦，我们就不会有相对论。在学术史上大学者的地位就同在历史上的“英雄”完全一样。

但是现在，人民大众创造力的伟大清清楚楚摆在我们眼前，不容我们不承认。历史上一切进化的根源都是从人民大众那里来的，他们才真正推动了历史的巨轮。历史上所谓“英雄”，同学术史上的大学者一样，当然有他们一定的作用，无论谁也不会一笔抹杀；但他们只不过适应了人民大众共同的要求，或者把人民大众所获得的经验总结起来使社会进化加速一步或学术水平提高一步。脱离了人民大众就什么事情也做不成。

人民大众的创造力既然这样伟大，在过去得到应得的发展没有呢？根本没有得到，因为学问操在极少数的特权阶级手里，学问是他们最重要的武器和护身符，他们把学问谨慎地锁起来，像一个囤积商人囤积奇货，不让它与人民大众发生关系，恐怕秘密泄露了，失掉自己的地位。人民大众失掉求得学问的机会，自己的创造力只好在极不正常极艰苦的条件下慢慢发展。现在是新中国了，我们应该把学术交还给人民大众。中国人民政治协商会议共同纲领第五章第四十九条明确地规定了："发展人民出版事业，并注重出版有益于人民的通俗书报。"这就是要指明我们应该走的方向。无论哪一行的专家都应该严格执行这一条的规定，把他们专门研究的学问用通俗的形式写出来，让人民大众能够了解，能够接受。倘若大家都这样做，我敢相信，人民大众的创造力，得了专门学问的辅助，将会更高地发扬起来，空前地发扬起来。然后我们再在普及的基础上把学术水平逐渐提高，普及的程度愈大，水平也就愈提得高。过去是几个学者把自己关在图书馆或研究室里孤独地研究和发明，现在是全体人民大众都参加到这发明和研究工作里来，这样一来，一方面普及，一方面提高，愈普及就愈提高，愈提高就愈普及，交互影响，学术将会飞跃地前进。只有这样，被封锁了几千年的人类创造的智慧，才真正地得到解放。

1949 年 11 月 18 日

为考证辩诬

考证，也叫做考据。在清代，义理、词章、考据被认为是三个独立又互相联系的学科。有的学者专门从事一门学科的研究，有的学者也能从事两门学科的探讨，或者三门学科都兼容并包。据我所知道的，当时好像没有什么人对这种三分法说三道四，或者对其中一门加以挑剔。大家好像都认为，事情本来就是这个样子。

到了20世纪20年代，情况却有了变化。胡适大力提倡考据工作，引起了纷纷的议论与责难。一直到新中国成立后，每次对胡适进行所谓批判，都有人主张，胡适之所以提倡考据是为了引导青年钻入故纸堆中，脱离当前的斗争，从而防止共产主义在中国的传播与发展。天下翕然从之，从来没有什么人提出异议。我对于这种说法一直持怀疑态度。胡适不赞成共产主义，这是事实，是谁也否认不掉的。但是，为了反对共产主义，就提倡考据，天下能有这种笨伯吗？有什么理由说，搞考据的人就一定反对共产主义呢？有什么理由说，搞考据的人就一定没有时间和兴致来从事共产主义的宣传呢？事实也并不是这样。有一些老革命家曾长年从事考据工作。可见考据工作与共产主义并不是水火不相容的。还有一个与此类似的说法，我也深为怀疑。有不少人说，清代乾嘉时代考据之风大盛，与清代统治者大力倡导有关。而从事考据工作的学者们，也想通过这种工作来避免文字狱之类的灾难。我个人觉得，这种逻辑非常滑稽。如果统治者真想搞文字狱，欲加之罪，何患无辞？难道考据就能成为躲开文字狱的避风港吗？

然而，以上两种说法却流行开来，而且占了垄断的地位，于是沸沸扬扬，波及全国，揭批判之大旗，震挞伐之天声，考据工作好像真成了革命之大敌。一些革命者，为了显示自己的革命性，一有机会，总要刺上几枪。一直到今天，流风未息，大有谈考据而色变之慨了。

我个人觉得，对考据工作既用不着大捧特捧，也用不着大张挞伐。这种工作实际上是非常平常而又非做不可的。稍微搞点科学研究工作的人，特别是搞与古代典籍有关的研究工作的，都有一种经验：首先要积累资料，这种积累是“韩信将兵，多多益善”。马克思主义告诉我们的也不外是这一层意思。但是，资料光多还不行，它还必须正确可靠，而不正确不可靠的资料却比比皆是。如果对资料不加鉴别，一视同仁，则从不正确不可靠的资料中得出来的结论绝对不会正确可靠，这一点连小孩子都会知道的，检验资料可靠不可靠的手段颇多，其中最重要的就是考证。因此，考据工作不是可有可无，而是非有不可。在提倡假、大、空的时代中是用不着考据的。反正是“以论带史”，或者“以论代史”。“论”已经有了，只需寻求证据加以肯定，加以阐释，工作就算是完成了。至于资料可不可靠，那是无关重要的，最重要的是“论”。如果发现资料与“论”不相符合，那就丢车保帅，把资料丢弃，或者加以歪曲，只要帅能保得住，就猗欤休哉，天下太平了。我从来不反对“论”，“论”是非常必要的；但这种“论”必须真正反映客观规律，而这种真正反映客观规律的“论”只能从正确可靠的资料中才能抽绎出来，考据工作正是保证资料的正确与可靠所不能缺少的。

现在还有一种反对所谓烦琐考证的论调。我并不赞成搞烦琐考据。但是，我必须指出一点来：搞不搞烦琐考证，要视需要而定，不能笼统地加以否定，更不能不分青红皂白而口诛笔伐。搞过考据工作的恐怕都有一种经验：考据往往难免烦琐，大而化之搞考据，是决不会搞出什么名堂来的。只要烦琐没有超过需要的范围，我看是应该允许的。

总之，我只是想说：对于考据工作和所谓烦琐考证，要平心静气地进行分析，既不必大声疾呼加以提倡，也不必义形于色横加指责。那种过分夸大考据工作作用的论调，如“发现一个字的古音，等于发现一个行星”等等，也为我所不取。

1987 年

再谈考证*

不久以前，我发表了一篇短文：《为考证辩诬》，目的是想为清代考证之学说几句话，顺便发泄一点对当前理论界的不满。在文中我讲到，我不同意多少年来流行的说法，说清代考证之学之兴与清代统治者大兴文字之狱有关。我个人认为，这种说法有点教条主义的味道，是一种形而上学，与我们几十年来在理论方面的教条主义有关。

这引起了王武子先生不同的意见。王先生的文章对我有启发。但是他把考证之学与文字狱联系在一起的传统的说法，并不全面，不准确，仍然不足以服我。因此我再申论一下。

我在上一篇文章里已经谈过，如果清代的文人学士只是想逃避文字之狱的话，他们不一定专门从事考证之学，其他离文字较远的学科都可以搞，甚至任何学科都不搞也可以。欲加之罪，

* 本文收入本书时有所节略。——编者注

何患无辞，古有明训。考证之学决不能成为他们的避风港。有一点，我在那篇短文里没有点明：清代考证之学之兴是由中国学术历史的发展规律促成的，是由内因决定的，而不是文字狱等外因。

想证明这一点，用不着旁征博引，只需根据梁启超的《清代学术概论》一书，稍加申述，就完全够了。我不敢说，梁的论点是百分之百地准确、完善，但是持之有故，言之成理的。他首先讲到时代思潮，他说："其在我国自秦以后，确能成为时代的思潮者，则汉之经学，隋唐之佛学，宋及明之理学，清之考证学，四者而已。"他的意思是说，考证之学是中国几千年的学术史上时代思潮之一。如果承认这个观点，则应该从宏观方面看待这个问题，不能囿于有清一代的文字狱等。

梁启超对于这个问题又进一步进行了论证。他认为，在中国学术史上，"学派上之'主智'与'主意'，'唯物'与'唯心'，'实验'与'冥证'，每迭为循环。大抵甲派至全盛时必有流弊，有流弊斯有反动，而乙派与之代兴。乙派之由盛而弊，而反动亦然……唐代佛学极昌之后，宋儒采之，以建设一种'儒表佛里'的新哲学，至明而全盛。"全盛之后，流弊斯出。梁启超把这种流弊归结为两点：一曰遏抑创造，二曰奖励虚伪。清学起而矫之。他说："清学之出发点，在对于宋、明理学一大反动。"极简略地说，梁启超就是这样解释清学之兴的，而清学的代表就是考证之学。我觉得，这样从学术发展规律上来说明清代考证产生的原因，理由是充足的，是能够说服人的。

梁启超又把每一个思潮之流划分为四个时期：一、启蒙期；二、全盛期；三、蜕分期；四、衰落期。把这四个时期的分法应用到清代思潮上，他认为启蒙期的代表人物是顾炎武、胡渭、阎若璩；全盛期的代表人物是惠栋、戴震、段玉裁、王念孙、王引之。至于蜕分期与衰落期与我现在要谈的问题无关，这里不谈了。在第一、二两期中，梁启超又把全盛期的代表人物名之为正统派。他说："正统派则为考证而考证，为经学而治经学。""其治学之根本方法，在'实事求是'，'无征不信'。其研究范围，以经学为中心，而衍及小学、音韵、史学、天算、水地、典章制度、金石、校勘、辑逸，等等。而引论取材，多极于两汉，故亦有'汉学'之目。"梁启超在这里讲的就是清代考据学的基本方法和基本内容。

我在上面只是非常简略地介绍了一下梁启超对于清代考证的论述。读者倘有兴趣，可以自己去读他的原著，我不再介绍了。总之，我认为，梁启超的看法是可信的。因此，清代考证之学的兴起是中国学术发展的内因所决定，与文字狱之类的外因无关。这就是我的看法。

1988 年 6 月 9 日

我的考证*

考证并不是什么神秘的东西，把它捧到天上去，无此必要；把它贬得一文不值，也并非实事求是的态度。清代的那一些考据大师，穷毕生之力，从事考据，给我们带来了极大的好处；好多古书，原来我们读不懂，或者自认为读懂而实未懂，通过他们对音训词句的考据，我们能读懂了。这难道说不是极大的贡献吗？即使不是考据专家，凡是从事人文社会科学研究工作的学者，有时候会引征一些资料，对这些资料的真伪迟早都要进行一些必要的考证工作。这些几乎近于常识的事情，不言自喻。因此，我才说，考证不是什么神秘的东西，而且考证之学不但中国有，外国也是有的。科学研究工作贵在求真，而考据正是达到这个目的的手段，焉能分什么国内国外？

---

* 本文收入本书时有所节略。——编者注

至于考证的工拙精粗，完全决定于你的学术修养和思想方法。少学欠术的人，属于马大哈一类的人，是搞不好考证工作的。死板僵硬，墨守成规，不敢越前人雷池一步的人，也是搞不好考证的。在这里，我又要引用胡适先生的两句话："大胆的假设，小心的求证。"假设，胆越大越好。哥白尼敢于假设地球能转动，胆可谓大矣。然而只凭大胆是不行的，必须还有小心的求证。求证，越小心越好。这里需要的是极广泛搜集资料的能力，穷极毫末分析资料的能力，坚忍不拔、锲而不舍的精神，然后得出的结论才能比较可靠。

在考证方面，在现代中外学人中，我最佩服的有两位：一位是我在德国的太老师 Heinrich Lüders，一位是我在中国的老师陈寅恪先生。他们两位确有共同的特点。他们能在一般人都能读到的普通的书中，发现别人看不到的问题，从极平常的一点切入，逐步深入，分析细致入微，如剥春笋，层层剥落，越剥越接近问题的核心，最后画龙点睛，一笔点出关键，也就是结论；简直如"石破天惊逗秋雨"，匪夷所思，然而又铁证如山。此时我简直如沙漠得水，酷暑饮冰，凉沁心肺，毛发直竖，不由得你不五体投地。

上述两位先生都不是为考证而考证，他们的考证中都含有"义理"。我在这里使用"义理"二字，不是清人的所谓"义理"，而是通过考证得出的规律性的东西，得出在考证之外的某一种结论。比如 Heinrich Lüders 通过考证得出了，古代印度佛教初起时，印度方言林立，其中东部有一种古代半摩揭陀语，有一部用这种方言纂成的所谓“原始佛典”（Urkanon），当然不可能是一部完整的大藏经，颇有点类似中国的《论语》。这本来是常识一类的事实。然而当今反对这个假说的人，一定把 Urkanon 理解为“完整的大藏经”，真正是不可思议。陈寅恪先生的考证文章，除了准确地考证史实之外，都有近似“义理”的内涵。他特别重视民族与文化的问题，这也是大家所熟悉的。我要郑重声明，我决不是抹杀为考证而考证的功绩。钱大昕考出中国古时无轻唇音，并没有什么“义理”在内，但却是不刊之论，这是没有人不承认的。类似的例子还可以举出不少来，足证为考证而考证也是有其用处的、不可轻视的。

但是，就我个人而言，我的许多考证的文章，却只是手段，而不是目的。比如，我考证出汉文的“佛”字是 put，but 的音译；根据这一个貌似微末的事实，我就提出了佛教如何传入中国的问题。我自认是平生得意之作。

关于义理、文章与考证

谈义理

清代桐城派主将姚鼐《复秦小岘书》说："天下学问之事，有义理、文章、考证三者之分，异趋而同为不可废。"我觉得，这种三分法是符合实际情况的，它为后来的学者所接受，是十分自然的，它也为我所服膺。

在三者之中，我最不善义理，也最不喜欢义理。我总觉得，义理（理论）这玩意儿比较玄乎。公说公有理，婆说婆有理。一个唯心主义与唯物主义的矛盾，矛盾了几千年，到现在还没有哪一个理论家真正说透。以我的愚见，绝对纯之又纯的唯心主义和唯物主义，都是没有的。说一部哲学史就是唯心主义和唯物主义的斗争史，显然也与历史事实不完全符合。特别是最近几十年以来，有一些理论家，或者满篇教条，或者以行政命令代替说理，或者视理论如儿戏，今天这样说，明天那样说，最终让读者如对丈二和尚，摸不着头脑。反正社会科学的理论不像自然科学的实验那样，乱说不能立即受到惩罚。搞自然科学，你如果瞎鼓捣，眼前就会自食其果，受到惩罚。社会科学理论说错了，第二天一改，脸也用不着红一红。因此，我对于理论有点敬鬼神而远之。这类的文章，我写不出，别人写的我也不大敢看。我对理论的偏见越来越深。我安于自己于此道不擅长，也不求上进。

这并不等于说，我抹杀所有的理论。也有理论让我五体投地地佩服的，这就是马克思主义的根本理论。经过了几十年的学习与考验，我觉得，马克思主义的根本理论完全反映了客观现实，包括了历史、人类社会与自然界。即使马克思主义仍然要不断发展，但是迄今它发展达到的水平让我心服口服。

这种轻视理论的做法是不是一种根深蒂固的偏见呢？可能是的。一个人难免有这样或那样的偏见。即使是偏见吧，我目前还不打算去改变。我也决不同别人辩论这个问题，因为一辩论，又是公说公有理，婆说婆有理，最终弄得大家一起坠入五里雾中。我只希望理论家们再认真一点，再细致一点，再深入一点，再严密一点。等到你们的理论能达到或者接近马克思主义基本理论的水平时，无需辩论，无需说明，我自然会心悦诚服地拜倒在你们脚下。

说文章

谈到文章，我觉得，里面包含着两个问题：一个是专门搞文章之学的，一个是搞义理或考证之学而注意文章的。专门搞文章之学的是诗人、词人、散文家等等。小说家过去不包括在里面。这些人的任务就是把文章写好，文章写不好，就不能成为诗人、词人、散文家、小说家。道理一清二楚，用不着多说。搞义理或考证之学的人，主要任务是探索真理，不管是大事情上的真理，还是小事情上的真理，都是探索。至于是否能把文章写好，不是主要问题。但是，古人说：言之无文，行之不远。孔子要求弟子们在讲话方面要有点文采，是很有道理的。过去的和现在的义理学或考证学的专家们，有的文章写得好，有的就写得不怎么好。写得好的，人家愿意看，你探索的真理容易为别人所接受；写得不好的，就会影响别人的接受。这个道理也是一清二楚的。所以，我认为，对不专门从事文章之学的学者来说，认真把文章写好也有很重要的意义。

论考证

谈到考证，亦称考据，是我最喜欢的东西，也是清代朴学大师所最擅长的东西，同时又是新中国成立后受到一些人责难的东西。最近我写了一篇短文《为考证辩诬》，这里不再重复。我在这里只谈我的想法和做法。

首先，我觉得考证之学并没有什么神秘的地方，没有一些人加给它的那种作用，也没有令人惊奇的地方，不要夸大它的功绩，也不要随便加给它任何罪状，它只是做学问的必要的步骤，必由之路。特别是社会科学，你使用一种资料，一本书，你首先必须弄清楚，这种资料，这本书，是否可靠，这就用得着考证。你要利用一个字、几个字或一句话、几句话证明一件事情，你就要研究这一个字、几个字或一句话、几句话，研究它们原来是什么样子，后来又变成了什么样子，有没有后人窜入的或者更改的东西？如果这些情况都弄不清楚，而望文生义或数典忘祖，贸然引用，企图证明什么，不管你发了多么伟大的议论，引证多么详博，你的根据是建筑在沙漠上的，一吹就破。这里就用得着考证。必须通过细致的考证才能弄清楚的东西，你不能怕费功夫。现在间或有人攻击烦琐的考证，我颇有异议。如果非烦琐不行的话，为什么要怕烦琐？用不着的烦琐，为了卖弄而出现的烦琐，当然为我们所不取。

其次，在进行论证时，我服膺两句话：大胆的假设，小心的求证。这两句话已经被批了很长的时间了，也许有人认为，已经被批倒批臭，永世不得翻身了。现在人们都谈虎色变，不敢再提。可是我对此又有异议。过去批判这两句话，批判一些人，是在极“左”思想支配下——用形而上学的方法冒充辩证法，鱼目混珠，实际上是伪辩证法——来进行的。头脑一时发热，在所难免，我自己也并非例外。但是，清醒之后，还是以改一改为好。我现在就清醒地来重新评估这两句话。

我个人认为，古今中外，不管是自然科学家，还是社会科学家，哪一个人在进行工作时也离不开这两句话。不这样，才是天大的怪事。在开始进行一个课题的研究时，你对于这个课题总会有些想法吧，这些想法就是假设。哪里能一点想法都没有而进行一个课题的研究呢？为什么要“大胆”？意思就是说，不要受旧有的看法或者甚至结论的束缚，敢于突破，敢于标新立异，敢于发挥自己的幻想力或者甚至胡想力，提出以前从没有人提过或者敢于提出的假设。不然，如果一开始就谨小慎微，一大堆清规戒律，满脑袋紧箍，一点幻想力都没有，这绝对不会产生出什么好结果的。哥白尼经过细致观测，觉得有许多现象是太阳绕地球旋转说解释不了的，于是假设了日中心说。这真是石破天惊的假设，大胆的假设。没有这个胆量，太阳恐怕还要绕地球运转若干年。没有大胆的假设，世界学术史陈陈相因，能有什么进步呢？

那么，大胆的假设，其罪状究竟何在呢？

有了假设，不等于就有了结论。假设只能指导你去探讨，去钻研。所有的假设，提出来以后，都要根据资料提供的情况，根据科学实验提供的情况来加以检验。有的假设要逐步修正，使之更加完善。客观材料证实了多少，你就要在假设中肯定多少。哪些地方同客观材料相违，或者不太符合，你就要在假设中加以修正。这样可能反复多次，十次，百次，几百次；假设也要修正十次，百次，几百次，最后把假设变成结论。有的假设经不住客观材料的考验，甚至必须完全扬弃，重新再立假设，重新再受客观材料的考验。凡是搞点科学研究的人，都能了解其中的味道，或甘或苦，没有定准儿。这就叫做小心的求证。

那么，小心的求证，其罪状究竟何在呢？

也有人灵机一动，提出了一个假设，自己认为是神来之笔，是灵感的火花，极端欣赏，极端自我陶醉。但是后来，客观材料，包括实验结果证明这个假设不能成立。在这个关键时刻，真正有良心的科学工作者应该当机立断，毅然放弃自己的假设，另觅途径，另立新说。这是正途。可是也有个别的人，觉得自己的假设真是美妙绝伦，丢掉了万分可惜。于是不惜歪曲材料，顺我者昌，逆我者亡，只选取对自己的假设有利的材料，堆累在一起，形成了一个迁就自己的假设的结论。这是地道的学术骗子。这样的“学者”难道说是绝无仅有吗？

这就是我理解的大胆的假设，小心的求证。

这是丝毫也无可非议的。

但是确实有一些学者是先有了结论，然后再搜集材料，来证实结论。“以论带史”派的学者，我认为就有这种倾向。比如要研究中国历史上农民战争问题，他们从什么人的著作里找到了农民战争解放生产力的结论。在搜集材料时，凡有利于这个结论的，则统统收进来；凡与这个结论相违反的，则统统视而不见。有时甚至不惜加以歪曲，爬罗剔抉，刮垢磨光，最后磨出一个农民战争解放生产力的结论，而让步政策则是“修正主义”。研究清官与赃官问题时，竟然会说赃官要比清官好得多，因为清官能维护封建统治，而赃官则能促成革命，从而缩短封建统治的寿命。如此等等，不一而足。这样的研究方法根本用不着假设，不大胆的假设也用不着。至于小心的求证，则是戴着有色眼镜去衡量一切，谈不到小心不小心。

对这样的科学工作者来说，大胆的假设，小心的求证是必须彻底批判的。

对这样的科学工作者来说，他们的结论是先验的真理，不许怀疑，只准阐释。他们是代圣人立言，为经典作注。

用这样的方法，抱这样的态度，来研究学问，学问会堕落到什么程度，不是一清二楚了吗？

我服膺被批判了多年的大胆的假设，小心的求证，理由就是这一些。另外可能还有别的解释，则非愚钝如不佞者所能知矣。

统观自己选出来的这一些文章，不管它们是多么肤浅，我总想在里面提出哪怕是小小的一点新看法，要提出新看法，就必须先有新假设。假设一提出，还不就是结论。不管假设多么新，在证实之前，都不能算数。我经常被迫修改自己的假设，个别时候甚至被迫完全放弃。有的假设，自己最初认为是神来之笔，美妙绝伦；一旦证实它站不住脚，必须丢弃。这时往往引起内心的激烈波动，最终也只能忍痛丢弃。我的做法大体上就是如此。鹦鹉学舌，非我所能；陈陈相因，非我所愿。我也决不敢说，我的这些所谓新看法都是真理。一部人类的学术史证明了，学术一定要随时代的前进而前进；将来有新材料发现，或者找到了观察问题的新的角度，自己的看法或者结论也势必要加以修改，这是必然的。

现在归纳起来可以说，我过去五六十年的学术活动，走的基本上是一条考证的道路。可是原来自己并没有意识到。到了今天，通过这个自选活动，我才真正全面而明确地认识到这一点。考证要达到什么目的呢？无非是寻求真理而已。伟大科学家爱因斯坦说："凡在小事上对真理持轻率态度的人，在大事上也是不足信的。"这句话可以有多种解释。什么叫真理？大家的理解也未必一致。有的人心目中的真理有伦理意义。我不认为是这样。我觉得，事情是什么样子，你就说它是什么样子。这是唯物主义，同时也是真理。我体会爱因斯坦在这里所说的真理就是这样的真理。他这一句话颇耐人寻味。同样是真理，事情却有大小。哥白尼倡日中心说，这是大事情上的真理。语言文字学家，训诂学家，弄清楚一个字或一句话的古音古义，这是小事情上的真理。事情有大有小，而其为真理则一也。有人夸大考证的作用，说什么发现一个字的古音，等于发现了一颗新星。这有点过分夸张。这样的发现与哥白尼的日中心说是不能比的。不管怎样，整个人类的历史，就是追求真理、探索真理的历史，这一点恐怕是无法否认的。从事各种工作的人，都在自己的领域内追求真理、探索真理。

1988 年

学术研究发展的轨迹

——由考证到兼顾义理

清儒分学问为三门：义理、辞章、考据。最理想的是三者集于一人之身，但这很难。桐城派虽然如此主张，但是，他们真正的成就多半在辞章一门，其他两门是谈不上的。就我个人而言，也许是由于天性的缘故，我最不喜欢义理，用现在的说法或者可以称为哲学。哲学家讲的道理恍兮惚兮，以我愚钝，看不出其中有什么象。哲学家公说公有理，婆说婆有理，天底下没有哪两个哲学家的学说是完全一样的。我喜欢实打实，摸得着，看得见的东西。这是我的禀赋所决定的，难以改变。所以，我在三门学问中最喜爱考证，亦称考据。考据，严格说来，只能算是一个研究方法，其精髓就是：无证不信，“拿证据来”，不容你胡思乱想，毫无根据。在中国学术史上，考据大盛于清朝乾嘉时代，当时大师辈出，使我们读懂了以前无法读的古书，这是它最大的贡献。

在德国，实证主义的研究方法，其精神与中国考据并无二致，其目的在拿出证据，追求真实——我故意不用“真理”二字，然后在确凿可靠的证据的基础上，抽绎出实事求是的结论。德国学术以其“彻底性”（Gründlichkeit）蜚声世界。这与他们的民族性不无联系。

至于我自己，由于我所走过的学术道路和师承关系，又由于我在上面讲到的个人禀性的缘故，我在学术探讨中，在潜移默化中受到了中德两方面的影响。在中国，我的老师陈寅恪先生和汤用彤先生都是考据名手。在德国，我的老师 Prof.Sieg 和 Prof.Waldschmidt 和后者的老师 Prof.H.Lüders，也都是考证巨匠。因此，如果把话说得夸大一点的话，我承受了中德两方面的衣钵。即使我再狂妄，我也不敢说，这衣钵我承受得很好。在我眼中，以上这几位大师依然是高山仰止，景行行止。我一生小心翼翼地跟在他们后面行走。

可是，也真出乎我自己的意料，到了晚年，“老年忽发少年狂”，我竟对义理产生了兴趣，发表了许多有关义理的怪论。个中因由，我自己也尚不能解释清楚。

我的义理

我在上面提到的我一生所写的许多文章中都讲到我不喜欢义理，不擅长义理。但是，我喜欢胡思乱想，而且我还有一些怪想法。我觉得，一个真正的某一门学问的专家，对他这一门学问钻得太深，钻得太透，或者也可以说，钻得过深，钻得过透，想问题反而缩手缩脚，临深履薄，战战兢兢，有如一个细菌学家，在他眼中，到处是细菌，反而这也不敢吃，那也不敢喝，窘态可掬。一个外行人，或者半外行人，宛如初生的犊子不怕虎，他往往能看到真正专家、真正内行所看不到或者说不敢看到的东西。我对于义理之学就是一个初生的犊子。我决不敢说，我看到的想到的东西都是正确的；但是，我却相信，我的意见是一些专家绝对不敢想更不敢说的。从人类文化发展史来看，如果没有绝少数不肯受钳制，不肯走老路，不肯固步自封的初生犊子敢于发石破天惊的议论的话，则人类进步必将缓慢得多。当然，我们也必须注意常人所说的“真理与谬误之间只差毫厘”“真理过一分就是谬误”。一个敢思考敢说话的人，说对了了不得，说错了不得了。因此，我们决不能任意胡说八道。如果心怀哗众取宠之意，故作新奇可怪之论，连自己都不信，怎么能让别人相信呢？我幸而还没有染上这种恶习。

总之，我近几年来发了不少“怪论”，我自己是深信不疑的，别人信不信由他，我不企图强加于人。我的怪论中最重要的是谈中、西文化同异问题的。经过多年的观察与思考，我处处发现中、西文化是不同的。我的基本论点是东西方思维模式不同：东综合而西分析。这种不同的思维模式表现在许多方面。举其荦荦大者，比如在处理人与大自然的关系问题上，西方对自然分析再分析，征服再征服；东方则主张“天人合一”，用张载的话来说就是：“民，吾同胞；物，吾与也。”结果是由西方文化产生出来的科学技术，在辉煌了二三百年，主宰了世界，为人类谋了很大的福利之后，到了今天，其弊端日益暴露，比如大气污染，臭氧层出洞，环境污染，淡水资源匮乏，生态平衡破坏，新疾病层出不穷，如此等等，哪一个问题不解决都能影响人类生存的前途。这些弊端将近二百年前英国浪漫诗人雪莱就曾预言过，如今不幸而言中。这些东西难道能同西方科技的发展分得开吗？

令人吃惊的是，到了今天，竟还有少数学者，怀抱“科学”的尚方宝剑，时不时祭起了“科学”的法宝，说我的说法不“科学”，没有经过“科学”的分析。另外，还有个别学者，张口“这是科学”，闭口“这是科学”，来反对中国的医学，如针灸、拔罐子等等传统医疗方法。把中国传统的东西说得太神，我也无法接受；但是实践是检验真理的唯一标准，经过国内外多年的临床应用，证明有些方法确实有效，竟还有人视而不见，听而不闻，死抱住他所谓的“科学”不放，岂不令人骇异吗？

其实，这些人的“科学”，不过是西方的主要在近代发展起来的科学。五四运动时，中国所要求的“赛先生”者就是。现在事实已经证明了，这位“赛先生”确实获得了一部分成功，获得了一些真理，这是不能否认的。但是，通向真理的道路，并不限于这一条。东方的道路也同样能通向真理。这一个事实，才刚露出了端倪，还没有被广大群众所接受，至于后事如何，21 世纪便可见分晓。

一些具体的想法

同我谈到的“我的义理”有一些联系的是我的一些具体的想法，我希望这些想法能变为事实。

我在下面把我目前所想到的一些具体的问题和做法加以简略的介绍：

关于汉语语法的研究

世界语言种类繁多，至今好像还没有一个为大家所公认的“科学”的分类法。不过，无论如何，汉语同西方印欧语系的语言是截然不同的两类语言，这是无论谁也无法否认的事实。然而，在我们国内，甚至在国外，对汉语的研究，在好多方面，则与对印欧语系的研究无大差异。始作俑者恐怕是马建忠的《马氏文通》。这一部书开创之功不可没，但没能分清汉语和西方语言的根本不同，这也是无法否认的。汉语只有单字，没有字母，没有任何形态变化，词性也难以确定，有时难免显得有点模糊。在五四运动期间和以后一段时期内，有人就想进行改革，不是文字改革，而是语言改革，鲁迅就是其中之一，胡适也可以算一个。到了现在，“语言改革”的口号没有人再提了。但是研究汉语的专家们的那一套分析汉语语法的方式，我总认为是受了研究西方有形态变化的语言的方法的影响。我个人认为，这一条路最终是会走不通的。

汉语有时显得有点模糊，但是，妙就妙在模糊上。试问世界上万事万物百分之百地彻底地绝对地清楚的有没有？自从西方新兴科学“模糊学”出现以后，给世界学人，不管是人文社会科学家，还是自然科学和技术科学家，一个观察世间错综复杂的现象的新的视角，这对世界文化的进步与发展是大有裨益的。

因此，我建议，汉语语法的研究必须另起炉灶，改弦更张。

中国通史必须重写

从历史上一直到现在，在世界民族之林中，最重视历史的民族是中华民族。从三皇五帝一直到今天的中华人民共和国，在长达几千年的时期内，我们都有连续不断的历史的文字记录，而且还不止有一种，最著名的是《二十四史》，这是举世闻名的。我们每一个朝代都有断代史。正史之外，还有杂史。至于通史这种体裁，古代我们也有，司马迁的《史记》、司马光的《资治通鉴》都有通史的性质。我们决不敢说，这些史籍中所记录的全是事实，那是根本不可能的。但是，中华民族是一个颇为实事求是的，没有多少想入非非的不着边际的幻想的民族，却也是大家所公认的。

近代以来，一些学者颇写了些《中国通史》之类的著作。根据丰富的历史资料，而观点则见仁见智，各不相同。这是很自然的事。这些书不同程度地受到了读者的欢迎。新中国成立后，大力提倡学习马克思主义。这事情本身应该说是一件好事，可惜的是，五六十年代我们所学的相当一些内容是“苏联版”的、带有“斯大林的印记”的。在这种情况下，我们的人文社会科学的研究，其中当然包括历史研究，都受到了感染。专以中国通史而论，历史分期问题议论蜂起，异说纷纭，仅“封建社会起源于何时”这一个问题，就争论不休，意见差距超过千年，至今也没有大家比较公认的意见，只好不了了之。我真怀疑，这样的争论究竟有什么意义。再如一些书对佛教的谩骂，语无伦次，连起码的常识和逻辑都不讲。鲁迅说，谩骂不是战斗。它决不能打倒佛教，更谈不上消灭。这样的例子，我还可以举出一些来，现在先到此为止吧。

在当时极“左”思想的指导下，颇写出了几本当时极为流行的《中国通史》，大中小学生学习的就是这样的历史。不管作者学问多么大，名气多么高，在教条主义流行的年代，写出来的书绝对不可能不受其影响，有时是违反作者本意的产品。有人称之为“以论代史”，而不是“以论带史”。关键在于一个“论”字。这是什么样的“论”呢？我在上面已经指出来过，这是带有苏联印记的“论”，而不一定是真正马克思主义的“论”。历史研究，贵在求真，决不容许歪曲历史事实，削足适履，以求得适合某种教条主义的“论”。

因此，我主张，中国通史必须重写。

另外还有一些情况，我们必须注意，一个是中国历史长短的问题，一个是中国文化发源地广袤的问题。关于第一个问题，我们过去写通史，觉得最有把握的是，最早只写到商代，约公元前17世纪至11世纪，在《古史辨》派眼中，夏禹还只是一条虫，遑论唐虞，更谈不到三皇五帝。这样我们的历史只有三千多年，较之埃及、巴比伦，甚至印度，瞠乎后矣。硬说是五千年文明古国，不是硬吹牛吗？然而，近年来，由于考古工作的飞速进步，夏代的存在已经完全可以肯定，也给禹平了反，还他以人形。即以文字发展而论，被称为最古的文字的甲骨文已经相当成熟，其背后还必有一段相当长的发展的历史。我们相信，随着考古发掘工作进一步的发展，中国的历史必将更会向前推断，换句话说，必将会更长。

至于中国文化发源地的广袤问题，过去一般的意见是在黄河流域。现在考古发掘工作告诉我们，长江流域的文化发展决不可轻视。有的人甚至主张，长江早于黄河。不管怎样，长江流域也是中国文化发源地之一。这只要看一看《楚辞》便可明白。没有一个比较长期的文化积淀，《楚辞》这样高水平的文章是产生不出来的。长江流域以外，考古工作者还在南方许多地区发现了一些文化遗址。这一切都说明，过去只看到黄河流域一个地方，是不够的。今天我们再写历史，决不能再走这一条老路。

因此，我主张，中国通史必须重写。

中国文学史必须重写

在20世纪以前，尽管我们的正史和杂史上关于中国文学的记载连篇累牍，可是专门的中国文学史却是没有的。有之，是自20世纪初期始，可能受了点外来的影响。在新中国成立前的几十年中，颇出了一些《中国文学史》，书名可能有一些不同，但内容却是基本上一样的，水平当然也参差不齐。连《中国文学批评史》也出了几种。

新中国成立以后，四五十年来，更出了不少的文学史，直至今日，此风未息。应该说，对学术界来说，这都是极好的事情，它说明了我国学术界的繁荣昌盛。

但是，正如可以预料的那样，同上面讲到的《中国通史》一样，《中国文学史》的纂写也受到了极“左”思潮的影响。中国的极“左”思潮一向是同教条主义、僵化、简单化分不开的。在这种思想左右下，我们中国的文学史和文艺理论研究，无疑也受到苏联很大影响。50年代，我们聘请了一些苏联文艺理论专家来华讲学。他们带来的当然带有苏联当时的那一套教条，我们不少人却奉为金科玉律，连腹诽都不敢。苏联一个权威把极端复杂的、花样繁多，然而却又是生动活泼的哲学史上哲学家的学说，一下子化为僵死、呆板、极端简单化了的教条。可在一段相当长的时期内，这就是我们研究中国文学史以及中国历史上文艺理论的一个指针。在这样的情况下，文学史和文艺理论的研究焉能生动活泼、繁荣昌盛呢?

在外来的影响之外，还有我们自己土产的同样贴上了马克思主义标签的教条主义的东西。不错，文学作品有两个标准，政治标准和艺术标准。但却不能只一味强调政治标准，忽视艺术标准。在其时，一般的中国文学史家，为了趋吉避凶，息事宁人，就拼命在第一条标准上做文章，而忽视了这个第二条艺术性标准。翻看近四五十年来所出版的几部部头比较大、影响比较大的《中国文学史》或者有类似名称的书，我们不难发现，论述一个作家作品的政治性或思想性时，往往不惜工本，连篇累牍地侃侃而谈，主要是根据政治教条，包括从苏联来的洋教条在内；论述这位作家的思想性，有时候难免牵强附会，削足适履；而一旦谈到艺术性，则缩手缩脚，甚至潦潦草草，敷敷衍衍，写上几句倒三不着两的话，好像是在应付差事，不得不尔。

根据我个人的浅见，衡量一部文学作品的标准，艺术性绝对不应忽视，甚至无视，因为艺术性是文学作品的灵魂。如果缺乏艺术性，思想性即使再高，也毫无用处，这样的作品决不会为读者所接受。有一些文学作品，思想性十分模糊，但艺术性极高，照样会成为名作而流传千古，李义山的许多无题诗就属于这一类。可惜的是，正如我在上面说过的那样，近几十年来几乎所有的文学史，都忽视了作品艺术性的分析。连李白和杜甫这样伟大的诗人，文学史的作者对他们的艺术风格的差异也只能潦草地说上几句话，很少有言之有物、切中肯綮的分析，遑论其他诗人。

这样的文学史是不行的。因此，我主张，中国文学史必须改写。

美学研究的根本转型

在中国古代，美学思想是丰富多彩的，但比较分散，没有形成体系。“美学”这一门学问，在某种意义上来看，可以说是一个“舶来品”，是受到了西方影响之后才成立的。这一个事实恐怕是大家所公认的。新中国成立以后，有一段时期，美学浸浸乎成了显学，出了不少人才，出了不少的书，还形成了一些学派，互相争辩，有时候还相当激烈。争论的问题当然很多，但是主要集中在美的性质这个问题上：美是主观的呢，还是客观的？抑或是主客观相结合的？跟在西方学者后面走，拾人牙慧，不敢越雷池一步，结果走进了死胡同，走进了误区。

何以言之？按西方语言，“美学”这个词儿的词源与人的感官（Sense Organ）有关。人的感官一般说有五个，即眼、耳、鼻、舌、身。中国和印度等国都是这样说。可是西方美学家却只讲两官，即眼与耳。美术、绘画、雕塑、建筑等属于前者，音乐属于后者。这种说法实际上也可归入常识。

可是，中国美学家忘记了，中国的“美”同西方不一样。从词源学上来讲，《说文》：“美，羊大也。”羊大了肉好吃，就称之为“美”。这既不属于眼，也不属于耳，而是属于舌头，加上一点鼻子，鼻子能嗅到香味。我们现在口头上时时都在讲“美酒”“美味佳肴”等等，还有“美食城”这样的饭店。这些在西方都不能用“美”字来表述。西方的“美”不包括舌头和鼻子。只要稍稍想一想，就能够明白。中国学者讲美学，而不讲中国的“美”，岂非咄咄怪事！我说，这是让西方学者带进了误区。

现在，中国已经有了一些美学家谈论美学转型的问题。我认为，这谈得好，谈得及时。可惜这些学者只想小小地转一下型，并没有想到彻底走出误区，没有想到我在上面提到的那一些带根本性的问题。

我从20世纪30年代起就陆续读过一些美学的书，对美学我不能说是一个完全的外行。但是浅尝辄止，也说不上是一个真正的内行，只能说是一个半瓶醋。常识告诉我们，只有半瓶醋才能晃荡出声。我就是以这样的身份提出了一个主张：美学必须彻底转型，决不能小打小闹，修修补补，而必须大破大立，另起炉灶。

文艺理论在国际上“失语”问题

近七八十年以来，在世界范围内，文艺理论时有变化，新学说不时兴起。有的延续时间长一点，有的简直是“蟪蛄不知春秋”，就为更新的理论所取代。我常套用赵瓯北的诗句，改为“江山年有才人出，各领风骚数十天”。可是，令人奇怪的是，在国际文艺论坛上的喧嚣闹嚷声中，独独缺少中国的声音，有人就形象地说，中国患了“失语症”。

难道我们中国真正没有话可说吗？难道国际文艺理论的讲坛上这些时生时灭的“理论”就真正高不可攀吗？难道我们中国的研究文艺理论的学者就真正蠢到鸦雀无声吗？非也，非也。我个人认为，其中原因很多，但是最主要的原因之一是，我们有一些学者过多地屈服于“贾桂思想”，总觉得自己不行；同时又没有勇气，或者毋宁说是没有识见，去回顾我们自己有悠久历史传统的、水平极高的旧的文艺理论宝库。我们传统的文艺理论，特别是所使用的“话语”，其基础是我在上面提到的综合的思维模式，与植根于分析的思维模式的西方文艺理论不同。我们面对艺术作品，包括绘画、书法、诗文等等，不像西方文艺理论家那样，把作品拿过来肌擗理分，割成小块块，然后用分析的“话语”把自己的意见表述出来。有的竟形成极端复杂的理论体系，看上去令人目眩神摇。

我们中国则截然不同，我们面对一件艺术品，或耳听一段音乐，并不像西方学者那样，手执解剖刀，把艺术品或音乐分析解剖得支离破碎；然后写成连篇累牍的文章，使用不知多少抽象的名词，令读者如堕入五里雾中，最终也得不到要领。我们中国的文艺批评家或一般读者，读一部文学作品或一篇诗文，先反复玩味，含英咀华，把作品的真精神灿然烂然映照于我们心中，最后用鲜明、生动而又凝练的语言表达出来。读者读了以后得到的也不是干瘪枯燥的义理，而是生动活泼的综合的印象。比方说，庾信的诗被综合评论为“清新”二字，鲍照的诗则是“俊逸”二字，杜甫的诗是“沉郁顿挫”，李白的诗是“飘逸豪放”，其余的诗人依此类推。对于书法的评论，我们使用的也是同一个办法，比如对书圣王羲之的书法，论之者评为“龙跳天门，虎卧凤阙”，多么具体凝练，又是多么鲜明生动！在古代，月旦人物，用的也是同样的方式，不赘述。

我闲常考虑一个问题：为什么在中国文学批评史上，除了《文心雕龙》《诗品》等少数专门著作之外，竟没有像西方那样有成套成套的专门谈文艺理论的著作？中国的文艺理论实际上是历史悠久，内容丰富，而又派别繁多，议论蜂起的。许多专家的理论往往见之于《诗话》(《词话》) 中，不管什么“神韵说”“性灵说”“肌理说”“境界说”等等，都见之于《诗话》中；往往是简简单单的几句话，而内容却包罗无穷。试拿中国——中国以外，只有韩国有《诗话》——《诗话》同西方文艺理论的皇皇巨著一比，其间的差别立即可见。我在这里不作价值评判，不说哪高哪低，让读者自己去评论吧。

这话说远了，赶快收回，还是谈我们的“失语”。我们中国文艺理论并不是没有“语”，我们之所以在国际上失语，一部分原因是欧洲中心主义还在作祟，一部分是我们自己的腰板挺不直，被外国那一些五花八门的“理论”弄昏了头脑。我个人觉得，我们有悠久雄厚的基础，只要我们多一点自信，少一点自卑，我们是大有可为的，我们决不会再“失语”下去的。但是兹事体大，决不会是一蹴而就的事，我们必须付出艰苦的劳动，多思考，勤试验，在不薄西方爱东方的思想指导下，才能为世界文艺理论开辟一个新天地。任何掉以轻心的做法都是绝对有害的。

用历史的眼光看待一切问题

最近几年，杨武能同志专门从事中德文化关系的研究，卓有成绩。现在又写成了一部《歌德与中国》，真可以说是更上一层楼了。

我个人觉得，这样一本书，无论是对中国读者，还是对德国读者，都是非常有意义的，它都能起到发聋振聩的作用，一个民族、一个人也一样，了解自己是非常不容易的。中国这样一个伟大的民族也不例外。在鸦片战争以前，我们根本不了解自己，也不了解世界大势，昏昏然，懵懵然，盲目狂妄自大，以王朝大国自居，夜郎之君、井底之蛙，不过如此。现在读一读当时中国皇帝写给欧洲一些国家的君主的所谓诏书，那种口吻，那种气派，真令人啼笑皆非又不禁脸上发烧，心里发抖。

鸦片战争以后，中国的统治者，在殖民主义者面前，节节败退，碰得头破血流，中国人最重视的所谓“面子”，丢得一干二净。他们于是来了一个一百八十度的大转变，一变而向“洋鬼子”低首下心，奴颜婢膝，甚至摇尾乞怜。上行下效，老百姓也受了影响，流风所及，至今尚余音袅袅，不绝如缕。鲁迅先生发出了“中国人失掉自信力了吗”的慨叹，良有以也。

怎样来改变这种情况呢？端在启蒙。应该让中国人民从上到下都能真正了解自己，了解历史，了解世界大势，真正了解我们民族的过去和现在，看待一切问题，都要有历史眼光。中国人民在世界人民心目中的地位，并不总是像解放前一百来年那个样子的。我个人认为，鸦片战争是一个转折点，在这之前，西方人看待中国同那以后是根本不同的。在那以前，西方人认为中国是智慧之国，文化之邦，中国的一切都是美好的，令人神往的。从17、18世纪欧洲一些伟大的哲人的著作中，可以清清楚楚地看到这一点。从德国伟大的诗人歌德的著作中，也可以清清楚楚地看到这一点。杨武能同志在本书中详尽地介绍了这种情况。

这充分告诉我们，特别是今天的年轻人，看待自己要有全面观点、历史观点、辩证观点。盲目自大，为我们所不取。盲目地妄自菲薄，也绝不是正当的。我们今天讲开放，是完全正确的，但是，我们对西方的东西应该有鉴别的能力，应该能够分清玉石与土块、鲜花与莠草，不能一时冲动，大喊什么“全盘西化”，认为西方什么东西都是好的。西方有好东西，我们必须学习。但是，一切闪光的东西不都是金子。难道西方所有的东西，包括可口可乐、牛仔裤之类，都是好得不能再好、不可须臾离开的东西吗？过去流行一时的喇叭裤现在到哪里去了呢？我们今天的所思、所感、所做、所为应该能经得起历史的考验。千万不要重蹈覆辙，在若干年以后，回头再看今天觉得滑稽可笑。我在这里大胆地说出一个预言：到了 2050 年我国达到小康水平时，回顾今天，一定会觉得今天有一些措施不够慎重，是在一时冲动之下采取的。我自己当然活不到 2050 年，但愿我的预言不会实现。

这一本书对德国以及西方其他国家的读者怎样呢？我认为也同样能起发聋振聩的作用。有一些德国人——不是全体——看待旧中国，难免有意无意地戴上殖民主义的眼镜。总觉得中国落后，这也不行，那也不好，好像是中国一向如此，而且将来也永远如此。现在看一看他们最伟大的诗人是怎样对待中国的，怎样对待中国文化和文学艺术的，会促使他们反思，从而学会用历史眼光看待中国，看待一切。这样就能大大地增强中德的互相了解和友谊。这一点是可以断言的。

基于上面的看法，我说，杨武能同志这一本书是非常有意义的。难道不是这样吗？

是为序。

1987 年 11 月 30 日

中西兼通，中外结合*

经过多年的观察，我发现，在中国学者群中，文献与考古相结合多数学者是做到了，但是，中外结合这一点则做得很不够。我在这里不用“中西”，而用“中外”，是包括日本在内的，并非笔误。

我个人认为，居今之世而言治学问，决不能坐井观天。今天已经不是乾嘉时代了。许多学术发达的外国，科学、技术，灿然烂然；人文社会科学方面，也已达到了相当高的水平。我们中国学者，包括专治中国国学的在内，对外国的研究动向和研究成果，决不能视若无睹。那样不利于我们自己学问的进步，也不利于国与国之间的学术文化交流。可是，令人十分遗憾的是，国内学术界确有昧于国外学术界情况的现象。年

* 本文收入本书时有所节略，题目是编者所加。——编者注

老的不必说，甚至连一些中年或青年学者，也有这种现象。我觉得，这种情况必须尽快改变。否则，有人慨叹中国一些学科在国际上没有声音。这不能怪别人，只能怪自己。说汉语的人虽然数目极大，可惜外国人不懂。我们的汉语还没有达到今天英语的水平。你无论怎样“振大汉之天声”，人家只是瞠目摇头。在许多国际学术的讨论会上，出席的一些中国学者，往往由于不通外语，首先在大会上不能自己用外语宣读论文，其次在会议间歇时或联欢会上，孑然孤立，窘态可掬。因此，我希望我们年轻的学者，不管你是哪一门，哪一科，尽快掌握外语。只有这样，中国的声音才能传向全球。

“模糊”“分析”与“综合”

我在几篇文章中，多次使用了“模糊”“分析”与“综合”这三个词儿。在分析东方文化与西方文化及其相互关系时，使用这几个词儿是不可避免的。但是，我却并没有给这几个词儿下严格的、比较科学的定义。这样恐怕会引起误解，特别是“模糊”这个词儿更容易让人们理解为“模糊一团”“糊里糊涂”等等。因此，我现在做一点必要的补充，意在简略地界定词儿的含义。详细解释，尚非其时。我在说明时要引征两篇文章：

一、解兴武《艺术的模糊思维》，见《文艺研究》1991 年第 2 号（简称文一）。

二、王明居《审美中的模糊思维》，同前（简称文二）。

先谈“模糊”

“模糊”绝不是我们常常说的“模模糊糊”“不清不

楚”等等，而是有比较严格的科学的定义的。文二说：“现代科学表明，人的神经细胞主要遍布在大脑皮质上，大脑皮质上神经细胞的数目约有150亿之多。它们之间形成了极其复杂的联系网络，彼此沟通，相互影响。每个细胞与其他细胞可产生两千多种联系。”神经细胞既有稳定性，也有不稳定性。“这种不稳定性，正是大脑皮层神经细胞信息传递的根本特点，它是模糊思维的生理机制的产生根源。”

文一引用李晓明的说法：“模糊性的本质是宇宙普遍联系和连续运动在人类思维活动中的反映。模糊性并非物质的本质属性，也不是人脑主观的产物，而是客体在人类意识的映照下，成为模糊性的栖身寓所，即‘人类认识模糊性产生的客观根源在于主体与客体之间的相互作用’。”文一又引李晓明关于模糊与明晰的关系的论述：“一言以蔽之，‘明晰兮模糊所伏，模糊兮明晰所倚’。”这里最重要的两点是：一、模糊性的本质是宇宙普遍联系和连续运动在人类思维活动中的反映；二、模糊与明晰的互相依存的辩证关系。这两点我们必须牢牢记住。

以上的说明虽然是极其简略的，但是从中可以看到“模糊”的科学含义。在分析东方文化和西方文化使用这个词儿时，我们不能偏离这个含义。

再谈“分析”

文二说：“把事物的整体分解为许多部分的方法，叫做分析。一谈到分析，人们往往把它归结为经典分析，认为它是一种追求事物的质量的精确性的条分缕析的科学方法。因此，定性分析，定量分析，因果分析，元过程分析等等，便成为这种分析的主要品类。”但是，除了这经典分析以外，还有更科学的模糊分析，它是与模糊思维相联系的。

我讲西方文化是以分析为基础的，指的是经典分析。这种分析对于认识事物的本质不能说没有用处。它确实帮助我们认识到宇宙自然界、人类社会和人体本身许多本质的东西。但是，这种分析是有限度的，是有极限的。它受到许多限制，比如解剖学，中国过去也有过，但是兴旺发达却是在西方。它帮助我们认识了动物、植物和人体的许多真实现象，但是它有局限。一旦解剖刀割了下去，被割的东西就成了死的东西，活生生的东西消逝了。因此，我们不能说，西方的分析方法是通向真理的唯一或最可靠的道路。

还有一条综合的道路。

最后谈“综合”

文二说：“把事物的各个部分联成一气，使之变为一个统一的整体的方法，叫做综合。它所考察的不仅是事物的某一要素，而且是全部要素。此外，它还要考察各个要素之间的联系，把握一切联系中的总的纽带，从总体上揭示事物的本质及其运动规律。”

文二的说法既简明，又扼要，用不着我再画蛇添足了。

综合是东方文化的基础。

现在归纳起来，再说几句。

从最大的宏观上来看，人类文化无非是东方文化与西方文化两大体系。其思维基础一是综合，一是分析。综合者从整体着眼，着重事物间的普遍联系，既见树木，又见森林。分析者注重局部，少见联系，只见树木，不见森林。

这就是我对东西方文化以及综合与分析的理解。

1991 年 5 月 3 日

研究、创作与翻译并举*

这完全是对我自己的总结，因为这样干的人极少。

我这样做，完全是环境造成的。研究学问是我毕生兴趣之所在，我的几乎是全部的精力也都用在了这上面。但是，在济南高中读书时期，我受到了胡也频先生和董秋芳（冬芬）先生的影响和鼓励；到了清华大学以后，又受到了叶公超先生、沈从文先生和郑振铎先生的奖励，就写起文章来。我写过一两首诗，现在全已逸失。我不愿意写小说，因为我厌恶虚构的东西。因此，我只写散文，六十多年来没有断过。人都是爱虚荣的，我更不能例外。我写的散文从一开始就受到了上述诸先生的垂青，后来又逐渐得到了广大读者的鼓励。我写散文不间断的原因，说穿了，就在这里。有时候，搞那些枯燥死板的学术

* 本文收入本书时有所节略。——编者注

研究疲倦了，换一张桌子，写点散文，换一换脑筋。就像磨刀一样，刀磨过之后，又锋利起来，回头再搞学术研究，重新抖擞，如虎添翼，奇思妙想，纷至沓来，亦人生一乐也。我自知欠一把火，虽然先后成为中国作家协会的会员、理事、顾问，却从来不敢以作家自居。在我眼中，作家是“神圣”的名称，是我崇拜的对象，我哪里敢鱼目混珠呢？

至于搞翻译工作，那完全是出于无奈。我于1946年从德国回国以后，我在德国已经开了一个好头的研究工作，由于国内资料完全缺乏，被迫改弦更张。当时内心极度痛苦。除了搞行政工作外，我是一个闲不住的人，我必须找点工作干，我指的是写作工作。写散文，我没有那么多真情实感要抒发。我主张散文是不能虚构的，不能讲假话的；硬往外挤，卖弄一些花里胡哨的辞藻，我自谓不是办不到，而是耻于那样做。想来想去，眼前只有一条出路，就是搞翻译。我从德国的安娜·西格斯的短篇小说译起，一直扩大到梵文和巴利文文学作品。最长最重要的一部翻译是印度两大史诗之一的《罗摩衍那》。这一部翻译的产生是在我一生最倒霉、精神最痛苦的时候。当时“文化大革命”还没有结束，我虽然已经被放回家中；北大的“黑帮大院”已经解散，每一个“罪犯”都回到自己的单位，群众专政，监督劳改；但是我头上那一摞莫须有的帽子，似有似无，似真似假，还沉甸甸地压在那里。我被命令掏大粪，浇菜园，看楼门，守电话，过着一个“不可接触者”的日子。我枯坐门房中，除了传电话，分发报纸信件以外，实在闲得无聊。心里琢磨着找一件会拖得很长，但又绝对没有什么结果的工作，以消磨时光，于是就想到了长达两万颂的《罗摩衍那》。从文体上来看，这部大史诗不算太难，但是个别地方还是有问题有困难的。在当时，这部书在印度有不同语言的译本，印度以外还没有听到有全译本，连英文也只有一个编译本。我碰到困难，无法解决，只有参考也并不太认真的印地文译本。当时极“左”之风尚未全息，读书重视业务，被认为是“修正主义”。何况我这样一个半犯人的人，焉敢公然在门房中摊开梵文原本翻译起来，旁若无人，这简直是在太岁头上动土，至少也得挨批斗五次。我哪里有这个勇气！于是我晚上回家，把梵文译为汉文散文，写成小纸条，装在口袋里。白天枯坐门房中，脑袋里不停地思考，把散文改为有韵的诗。我被进一步解放后，又费了一两年的时间，终于把全书的译文整理完。后来时来运转，受到了改革开放之惠，人民文学出版社全文出版，这是我事前绝对没有妄想过的。

1997 年

我学术研究的特点和范围*

特点只有一个字，这就是：杂。我认为，对于“杂”或者“杂家”应该有一个细致的分析，不能笼统地一概而论。从宏观上来看，有两种“杂”：一种是杂中有重点，一种是没有重点，一路杂下去，最终杂不出任何成果来。

先谈第一种。纵观中外几千年的学术史，在学问家中，真正杂而精的人极少。这种人往往出在学艺昌明繁荣的时期，比如古希腊的亚里士多德，文艺复兴时期的达·芬奇，以及后来德国古典哲学家中的几个大哲学家。他们是门门通，门门精。藐予小子，焉敢同这些巨人相比，除非是我发了疯，神经不正常。我自己是杂而不精，门门通，门门松。所可以聊以自慰者只是，我在杂中还有几点重点。所谓重点，就是我毕生倾

---

* 本文由《我的学术研究的特点》和《我的研究范围》两篇文章合成，题目是编者所加。——编者注

全力以赴，锲而不舍地研究的课题。我在研究这些课题之余，为了换一换脑筋，涉猎一些重点课题以外的领域。间有所获，也写成了文章。

中国学术传统有所谓“由博返约”的说法。我觉得，这一个“博”与“约”是只限制在同一研究范围以内的。“博”指的是在同一研究领域内把基础打得宽广一点，而且是越宽广越好。然后再在这个宽广的基础上集中精力，专门研究一个或几个课题。由于眼界开阔，研究的深度就能随之而来。我个人的研究同这个有点类似之处；但是我并不限制在同一领域内。所以我不能属于由博返约派。有人用金字塔来表示博与约的关系。笼统地说，我没有这样的金字塔，只在我研究的重点领域中略有相似之处而已。

既然讲到杂，就必须指出究竟杂到什么程度，否则头绪纷繁，怎一个“杂”字了得！根据我自己还有一些朋友的归纳统计，我的学术研究涉及的范围约有以下几项：

（1）印度古代语言，特别是佛教梵文

（2）吐火罗文

（3）印度古代文学

（4）印度佛教史

（5）中国佛教史

（6）中亚佛教史

（7）糖史

（8）中印文化交流史

（9）中外文化交流史

（10）中西文化之差异和共性

（11）美学和中国古代文艺理论

（12）德国及西方文学

（13）比较文学及民间文学

（14）散文及杂文创作

这个分类只是一个大概的情况。

没有新意，不要写文章

在芸芸众生中，有一种人，就是像我这样的教书匠，或者美其名，称之为“学者”。我们这种人难免不时要舞笔弄墨，写点文章的。根据我的分析，文章约而言之可以分为两大类：一是被动写的文章，一是主动写的文章。

所谓“被动写的文章”，在中国历史上流行了一千多年的应试的“八股文”和“试帖诗”，就是最典型的例了。这种文章多半是“代圣人立言”的，或者是“颂圣”的，不许说自己真正想说的话。换句话说，就是必须会说废话。记得鲁迅在什么文章中举了一个废话的例子：“夫天地者乃宇宙之乾坤，吾心者实中怀之在抱。千百年来，已非一日矣。”（后面好像还有，我记不清楚了）这是典型的废话，念起来却声调铿锵。“试帖诗”中也不乏好作品，唐代钱起咏湘灵鼓琴的诗，就曾被朱光潜先生赞美过，而朱先生的赞美又被鲁迅先生讽刺过。到了今天，我们被动写文章的例子并不少见。我们写的废话，说的谎话，吹的大话，也是到处可见的。我觉得，有好多文章是大可以不必写的，有好些书是大可以不必印的。如果少印刷这样的文章，出版这样的书，则必然能够少砍伐些森林，少制造一些纸张；对保护环境，保持生态平衡，会有很大的好处的；对人类生存的前途也会减少危害的。

至于主动写的文章，也不能一概而论。仔细分析起来，也是五花八门的，有的人为了提职，需要提交“著作”，于是就赶紧炮制；有的人为了成名成家，也必须有文章，也努力炮制。对于这样的人，无需深责，这是人之常情。炮制的著作不一定都是“次品”，其中也不乏优秀的东西，像吾辈“爬格子族”的人们，非主动写文章以赚点稿费不行，只靠我们的工资，必将断炊。我辈被“尊”为教授的人，也不例外。

在中国学术界里，主动写文章的学者中，有不少的人学术道德是高尚的。他们专心一致，惟学是务，勤奋思考，多方探求，写出来的文章尽管有点参差不齐；但是他们都是值得钦佩、值得赞美的，他们是我们中国学术界的脊梁。

真正的学术著作，约略言之，可以分为两大类：单篇的论文与成本的专著。后者的重要性不言自明。古今中外的许多大部头的专著，像中国汉代司马迁的《史记》、宋代司马光的《资治通鉴》等等，都是名垂千古、辉煌璀璨的巨著，是我们国家的瑰宝。这里不再详论。我要比较详细地谈一谈单篇论文的问题。单篇论文的核心是讲自己的看法、自己异于前人的新意，要发前人未发之覆。有这样的文章，学术才能一步步、一代代向前发展。如果写一部专著，其中可能有自己的新意，也可能没有。因为大多数的专著是综合的、全面的叙述。即使不是自己的新意，也必须写进去，否则就不算全面。论文则没有这种负担，它的目的不是全面，而是深入，而是有新意，它与专著的关系可以说是相辅相成的。

我在上面几次讲到“新意”，“新意”是从哪里来的呢？有的可能是从天上掉下来的，是出于“灵感”的，比如传说中牛顿因见苹果落地而悟出地心吸力。但我们必须注意，这种灵感不是任何人都能有的。牛顿一定是很早就考虑这类的问题，昼思夜想，一旦遇到相应的时机，便豁然顿悟。吾辈平凡的人，天天吃苹果，只觉得它香脆甜美，管它什么捞什子“地心吸力”干嘛！在科学技术史上，类似的例子还可以举出不少来，现在先不去谈它了。

在以前极“左”思想肆虐的时候，学术界曾大批“从杂志缝里找文章”的做法，因为这样就不能“代圣人立言”；必须心中先有一件先入为主的教条的东西要宣传，这样的文章才合乎程式。有“学术新意”是触犯“天条”的。这样的文章一时间滔滔者天下皆是也。但是，这样的文章印了出来，再当做垃圾卖给收破烂的（我觉得这也是一种“白色垃圾”），除了浪费纸张以外，丝毫无补于学术的进步。我现在立一新义：在大多数情况下，只有到杂志缝里才能找到新意。在大部头的专著中，在字里行间，也能找到新意的，旧日所谓“读书得间”，指的就是这种情况。因为，一般说来，杂志上发表的文章往往只谈一个问题、一个新问题，里面是有新意的。你读过以后，受到启发，举一反三，自己也产生了新意，然后写成文章，让别的学人也受到启发，再举一反三。如此往复循环，学术的进步就寓于其中了。

可惜——是我觉得可惜——眼前在国内学术界中，读杂志的风气，颇为不振，不但外国的杂志不读，连中国的杂志也不看。闭门造车，焉得出而合辙？别人的文章不读，别人的观点不知，别人已经发表过的意见不闻不问，只是一味地写来写去。这样怎么能推动学术前进呢？更可怕的是，这个问题几乎没有人提出。有人空喊“同国际学术接轨”。不读外国同行的新杂志和新著作，你能知道“轨”究竟在哪里吗？连“轨”在哪里都不知道，空喊“接轨”，不是天大的笑话吗？

学术良心或学术道德

“学术良心”，好像以前还没有人用过这样一个词，我就算是“始作俑者”吧。但是，如果“良心”就是儒家孟子一派所讲的“人之初，性本善”中的“性”的话，我是不信这样的“良心”的。人和其他生物一样，其“性”就是“食、色，性也”的“性”；其本质是一要生存，二要温饱，三要发展。人的一生就是同这种本能作斗争的一生。有的人胜利了，也就是说，既要自己活，也要让别人活，他就是一个合格的人。让别人活的程度越高，也就是为别人着想的程度越高，他的“好”，或“善”也就越高。“宁教我负天下人，休教天下人负我”，是地道的坏人，可惜的是，这样的人在古今中外并不少见。有人要问：既然你不承认人性本善，你这种想法是从哪里来的呢？对于这个问题，我还没有十分满意的解释。《三字经》上的两句话“性相近，习相远”中的“习”字似乎能回答这个问题。一个人过了幼稚阶段，有意识地或无意识地会感到，人类必须互相依存，才都能活下去。如果一个人只想到自己，或都是绝对地想到自己，那么，社会就难以存在，结果谁也活不下去。

这话说得太远了，还是回头来谈“学术良心”或者学术道德。学术涵盖面极大，文、理、工、农、医，都是学术。人类社会不能无学术，无学术，则人类社会就不能前进，人类福利就不能提高；每个人都是想日子越过越好的，学术的作用就在于能帮助人达到这个目的。大家常说，学术是老老实实的东西，不能掺半点假。通过个人努力或者集体努力，老老实实地做学问，得出的结果必然是实事求是的。这样做，就算是有学术良心。剽窃别人的成果，或者为了沽名钓誉创造新学说或新学派而篡改研究真相，伪造研究数据，这是地地道道的学术骗子。在国际上和我们国内，这样的骗子亦非少见。这样的骗局决不会隐瞒很久的，总有一天真相会大白于天下的。许多国家都有这样的先例。真相一旦暴露，不齿于士林，因而自杀者也是有过的。这种学术骗子，自古已有，可怕的是于今为烈。我们学坛和文坛上的剽窃大案，时有所闻，我们千万要引为鉴戒。

这样明目张胆的大骗当然是决不允许的。还有些偷偷摸摸的小骗，也不能不引起我们的戒心。小骗局花样颇为繁多，举其荦荦大者，有以下诸种：在课堂上听老师讲课，在公开学术报告中听报告人讲演，平常阅读书刊杂志时读到别人的见解，认为有用或有趣，于是就自己写成文章，不提老师的或者讲演者的以及作者的名字，仿佛他自己就是首创者，用以欺世盗名，这种例子也不是稀见的。还有，有人在谈话中告诉了他一个观点，他也据为己有。这都是没有学术良心或者学术道德的行为。

我可以无愧于心地说，上面这些大骗或者小骗，我都从来没有干过，以后也永远不会干。

我在这里补充几点梁启超在他所著的《清代学术概论》中谈到的清代正统派的学风的几个特色："隐匿证据或曲解证据，皆认为不德。""凡采用旧说，必明引之，剿说认为大不德。"这同我在上面谈的学术道德（梁启超的"德"）完全一致。可见清代学者对学术道德之重视程度。

此外，梁启超上书中还举了一点特色："孤证不为定说。其无反证者姑存之。得有续证，则渐信之。遇有力之反证则弃之。"可以补充在这里。

思想家与哲学家

我又有了一个怪论，我想把思想家与哲学家区分开来。

一般人大概都认为，我以前也曾朦朦胧胧地认为，所有的哲学家都是思想家。哪里能有没有思想的哲学家呢？

但是，最近一个时期以来，我的想法有了改变。

古今中外的哲学史告诉我们，哲学家们大抵同史学家差不多，想“究天人之际，通古今之变”，方式稍有不同，哲学家们探讨的是宇宙的根源，人生的真谛，精神与物质的关系，存在和意识的关系，等等。在这些问题上，他们时有精辟之论，颇能令人心折。但是，一旦他们想把自己的理论捏成一个完整的体系的时候——一般哲学家都是有这种野心的——便显露出捉襟见肘，削足适履的窘态。

我心目中的思想家，却不是这个样子。他们对我在上面谈到的那些问题也可能会有自己的看法。但是，他们决不硬搞什么体系，决不搞那一套烦琐的分析。记得有一副旧对联："世事洞明皆学问，人情练达即文章。"我觉得，思想家就是洞明世事，练达人情的人。他们不发玄妙莫测的议论，不写恍兮隐兮的文章，更不幻想捏成什么哲学体系。他们说的话都是中正平和的，人人能懂的。可是让人看了以后，眼睛立即明亮，心头涣然冰释，觉得确实是那么一回事。

空口无凭，试举例以明之。我想举出两个人：一个是已故的陈寅恪先生，一个是健在的王元化先生，都是中国学术界知名的人物。

寅恪先生是史学大师，考据学巨匠。但是，他的考据是与乾嘉诸大师不同的，后者是为考据而考据，而他的考据则是含有义理的。他从来不以哲学家自居。然而他对许多本来应属于哲学范畴的问题的看法却确有独到之处，比如，对"中国文化"，他写道：

> 吾中国文化之定义，具于《白虎通》三纲六纪之论，其意义为抽象理想最高之境，犹希腊柏拉图所谓 Idea 者。

言简意赅，让人看了就懂，非一般专门从事于分析概念的哲学家所能企及。此外，寅恪先生对中国历史研究还有许多人所共知的见解。总之，我认为，寅恪先生不是哲学家，而是思想家。

王元化先生是并世罕见的通儒，他真可以说是学贯中西，古今兼通。他的文章我不敢说是全部都读过，但是读得确实不少。首先让我心悦诚服的是他对五四运动的新看法。五四运动是中国近代史上的一件大事，对它有种种不同的议论和看法，至今仍纷争不休。我自己于无意中也形成了一种看法。但是，读了元化先生论“五四”的文章，我觉得他的看法确实鞭辟入里，高人一筹。他对当前的许多问题都有自己独特的看法，我从中都能得到启发。总之，我认为，元化先生不是哲学家，而是思想家。

我崇拜思想家，对哲学家则不敢赞一词。

2001 年 10 月 7 日

实话实说*

年前，敏泽先生写信给我，要我写一部关于学术研究的“自述”，而且是越长越好。这本来是一个很有趣的题目，也很有意义。但是，当时我的二十四卷本的文集还没有编完，找不出时间来写，只答应考虑。现在文集编完了。敏泽先生又打来电话，旧事重提。我答应他立即着手来写。

我毕生从事教书和研究工作，至今已届望九之年。在这样长的时间内，要说一点经验和教训都没有，那是说不过去的。要说有什么，有多少了不起的经验，那也不是事实。我的确是一匹老马，识一点途也是应当的。但是识的途是否正确，我却没有把握。我平生不喜欢说谎话，现在既然要写，我就照实直说，我绝不夸大，也不矫情做谦虚状。如果有什么不妥之处，那是受了水平的限制，绝非有意为之。这一点希望读者能

* 此文为《学海泛槎——季羡林自述》一书前言。——编者注

理解。总之，一句话：希望读者，特别是年轻的读者，对我这一部“自述”不要抱过大的希望，不要抱不切实际的期望。古人说：“鸳鸯绣出从君看，不把金针度与人。”我根本没有什么金针，即使我想度与人，也无物可度。如果年轻的读者能从我的经验和教训中获得了什么有用的东西，那是靠他们自己的悟性或主观能动性，不能把功劳记在我的账本上。

以上算是“前言”。

1997 年 12 月

论博士

中国的博士和西方的博士不一样。

在一些中国人心目中，博士是学术生活的终结，而在西方国家，博士则只是学术研究的开端。

博士这个词儿，中国古代就有。唐代的韩愈就曾当过“国子博士”。这同今天的博士显然是不同的。今天的博士制度是继学士、硕士之后而建立起来的，是地地道道的舶来品。在这里，有人会提意见：既然源于西方，为什么又同西方不一样呢?

这意见提得有理，但是，中国古代晏子说：“橘生淮南，则为橘；生于淮北，则为枳。”土壤和气候条件一变，则其种亦必随之而变。在中国，除了土壤和气候条件以外，还有思想条件，西洋的博士到了中国，就是由于这个思想条件而变了味的。

在世界各国的历史中，中国封建阶段的历史最长。在长达两千多年的封建社会中，中国的知识分子上进之途只有一条，就是科举制度。这真是千军万马，独木小桥。从考秀才起，有的人历尽八十一难，还未必能从秀才而举人，从举人而进士，从进士而殿试点状元等等。最有幸运的人才能进入翰林院，往往已达垂暮之年，老夫耄矣。一生志愿满足矣，一个士子的一生可以画句号矣。

自从清末废科举以后，秀才、举人、进士之名已佚，而思想中的形象犹在。一推行西洋的教育制度，出现了小学、中学、大学、研究院等等级别。于是就有人来作新旧对比：中学毕业等于秀才，大学毕业等于举人，研究生毕业等于进士，点了翰林等于院士。这两项都隐含着“博士”这一顶桂冠的影子。顺理成章，天衣无缝，新旧相当，如影随形。于是对比者心安理得，胸无疑滞了。如果让我打一个比方的话，我只能拿今天的素斋一定要烹调成鸡鱼鸭肉的形状来相比。隐含在背后的心理状态，实在是耐人寻味的。

君不见在今天的大学中，博士热已经颇为普遍，有的副教授，甚至有的教授，都急起直追，申报在职博士生。是否有向原来是自己的学生而今顿成博导的教授名下申请做博士生的例子，我不敢乱说。反正向比自己晚一辈的顿成博导的教授申请的则是有的，甚至还听说有的教授申请做博士生后自己却被批准为博导。万没有自己做自己的博士生的道理，不知这位教授如何处理这个问题。从前读前代笔记，说清代有一个人，自己的儿子已经成为大学士，当上了会试主考官，他因此不能再参加进士会试，大骂自己的儿子：“这畜生让我戴假乌纱帽！”难道这位教授也会大发牢骚：“批准我为博导让我戴假乌纱帽吗？”

中国眼前这种情况实为老外所难解。即便“老内”如不佞者，最初也迷惑不解。现在，我一旦顿悟：在中国当前社会中，封建思想意识仍极浓厚。在许多人的下意识里，西方传进来的博士的背后隐约闪动着进士和翰林的影子。

1998 年 9 月 19 日

论教授

论了博士论教授。

教授，同博士一样，在中国是“古已有之”的，而今天大学里的教授，都是地地道道的舶来品，恐怕还是从日本转口输入的。

在中国古代，教授似乎只不过是一个芝麻绿豆大的小官。然而，成了舶来品以后，至少是在抗日战争之前，教授都是一个显赫的头衔。虽然没有法子让他定个几品官，然而一些教授却成了大丈夫，能屈能伸。进可以攻，退可以守，身子在北京，眼里看的、心里想的却在南京。有朝一日风雷动，南京一招手，便骑鹤下金陵，当个什么行政院新闻局长，或是什么部的司长之类的官，在清代恐怕抵得上一个三四品官，是“高干”了。一旦失意，仍然回到北京某个大学，教授的宝座还在等他哩。连那些没有这样神通的教授，工资待遇优厚，社会地位清高。存在决定意识，于是教授就有了架子，产生了一个专门名词："教授架子"。

日军侵华，衣冠南渡。大批的教授会集在昆明、重庆。此时，神州板荡，生活维艰，教授们连自己的肚子都填不饱，想尽种种办法，为稻粱谋。社会上没有人瞧得起，连抬滑竿的苦力都敢向教授怒吼："愿你下一辈子仍当教授！"斯文扫地，至此已极。原来的"架子"现在已经没有地方去"摆"了。

建国以后，50年代，工资相对优厚，似乎又有了点摆架子的基础。但是又有人说："知识分子翘尾巴，给他泼一盆凉水！"教授们从此一蹶不振，每况愈下。到了十年浩劫中，变成了"资产阶级反动学术权威"，不齿于士林。最后沦为"老九"，地位在"引车卖浆者流"之下了。

二十年前，十一届三中全会之后，拨乱反正，天日重明，教授们的工资待遇没有提高，而社会地位则有了改善，教授这一个行当又有点香了起来。从世界的教授制度来看，中国接近美国，数目没有严格限制，非若西欧国家，每个系基本上只有一两个教授。这两个制度孰优孰劣，暂且不谈。在中国，数目一不限制，便逐渐泛滥起来，逐渐膨胀起来。有如通货膨胀，教授膨胀导致贬值。前几年，某一省人民群众在街头巷尾说着一句顺口溜："教授满街走，××多如狗。"教授贬值的情况可见一斑。

现在，在大学中，一登“学途”，则有“不到教授非好汉”之慨，于是一马当先，所向无前，目标就是教授。但是，从表面上看上去，达到目标就要过五关，其困难难于上青天。可是事实上却正相反，一转瞬间，教授可坐一礼堂矣，其中奥妙，我至今未能参悟。然而，跟着来的当然是教授贬值。这是事物的规律，是无法抗御的。

于是为了提高积极性，有关方面又提出了博士生导师（简称博导）的办法。无奈转瞬之间，博导又盈室盈堂，走上了贬值的道路。令人更担忧的是，连最高学术称号院士这个合唱队里也出现了不协调的音符。如果连院士都贬了值，我们将何去何从？

1998年10月2日

论怪论

怪论这个名词，人所共知。其所以称之为怪者，一般人都不这样说，而你偏偏这样说，遂成异议可怪之论了。

我却要提倡怪论。

但我也并不永远提倡怪论。

历史的经验告诉我们，一个国家、一个民族，需要不需要怪论，是完全由当时历史环境所决定的。如果强敌压境，外寇入侵，这时只能全民一个声音说话，说的必是驱逐外寇，还我山河之类的话，任何别的声音都是不允许的。尤其是汉奸的声音更不能允许。

国家到了承平时期，政通人和，国泰民安，这时候倒是需要一些怪论。如果仍然禁止人们发出怪论，则所谓一个声音者往往是统治者制造出来的，是虚假的。二战期间德国和意大利的法西斯，是最好的证明。

从世界历史上来看，中国的春秋战国时代，怪论最多。有的甚至针锋相对，比如孟子讲性善，荀子讲性恶，是同一个大学派中的内部矛盾。就是这些异彩纷呈的怪论各自沿着自己的路数一代一代地发展下去，成为中华民族文化的渊源和基础。

与此时差不多的是西方的希腊古代文明。在这里也是怪论纷呈，发展下来，成为西方文明的渊源和基础。当时东西文明两大瑰宝，东西相对，交相辉映，共同照亮了人类文明发展的前途。这个现象怎样解释，多少年来，东西学者异说层出，各有独到的见解。我于此道只是略知一二。在这里就不谈了。

怪论有什么用处呢？

某一个怪论至少能够给你提供一个看问题的视角。任何问题都会是极其复杂的，必须从各个视角对它加以研究，加以分析，然后才能求得解决的办法。如果事前不加以足够的调查研究而突然做出决定，其后果实在令人担忧。我们眼前就有这种例子，我在这里不提它了。

现在，我们国家国势日隆，满怀信心向世界大国迈进。在好多年以前，我曾预言，21世纪将是中国的世纪。当时我们的国力并不强。我是根据近几百年来欧美依次显示自己的政治经济力量、科技发展的力量和文化教育的力量而得出的结论。现在轮到我们中国来显示力量了。我预言，五十年后，必有更多的事实证实我的看法，谓予不信，请拭目以待。

我希望，社会上能多出些怪论。

2003年6月25日于301医院

真理愈辨愈明吗？

学者们常说："真理愈辨愈明。"我也曾长期地虔诚相信这一句话。

但是，最近我忽然大彻大悟，觉得事情正好相反，真理是愈辨愈糊涂。

我在大学时曾专修过一门课"西洋哲学史"，后来又读过几本《中国哲学史》和《印度哲学史》。我逐渐发现，世界上没有哪两个或多个哲学家，学说完全是一模一样的。有如大自然中的树叶，没有哪几个是绝对一样的。有多少树叶就有多少样子。在人世间，有多少哲学家就有多少学说。每个哲学家都认为自己掌握了真理。有多少哲学家就有多少真理。

专以中国哲学而论，几千年来，哲学家们不知创造了多少理论和术语。表面上看起来，所用的中国字都是一样的；然而哲学家们赋予这些字的含义却不相同。比如韩愈的《原道》是脍炙人口、家喻户晓的。文章开头就说："博爱之谓仁，行而宜之之谓义，由是而之焉之谓道，足乎己无待于外之谓德。"韩愈大概认为，仁、义、道、德就代表了中国的"道"。他的解释简单明了，一看就懂。然而，倘一翻《中国哲学史》，则必能发现，诸家对这四个字的解释多如牛毛，各自自是而非他。

哲学家们辨（分辨）过没有呢？他们辩（辩论）过没有呢？他们既"辨"又"辩"。可是结果怎样呢？结果是让读者如堕入五里雾中。眼花缭乱，无所适从。我顺手举两个中国辨和辩的例子。一个是《庄子·秋水》："庄子与惠子游于濠梁之上。庄子曰：'鲦鱼出游从容，是鱼之乐也。'惠子曰：'子非鱼，安知鱼之乐？'庄子曰：'子非我，安知我不知鱼之乐？'"我觉得，惠施还可以答复："予非我，安知我不知子不知鱼之乐？"这样辩论下去，一万年也得不到结果。

还有一个辩论的例子是取自《儒林外史》："丈人说：'你赊了猪头肉的钱不还，也来问我要，终日吵闹这事，那里来的晦气！'陈和甫的儿子道：'老爹，假如这猪头肉是你老人家自己吃了，你也要还钱。'丈人道：'胡说！我若吃了，我自然还。这都是你吃的！'陈和甫儿子道：'设或我这钱已经还过老爹，老爹用了，而今也要还人？'丈人道：'放屁！你是该人的钱，怎是我用的钱，怎是我用你的？'陈和甫儿子道：'万一猪不生这个头，难道他也来问我要钱？'"

以上两个辩论的例子，恐怕大家都是知道的。庄子和惠施都是诡辩家。《儒林外史》是讽刺小说。要说这两个例子对哲学辩论有普遍的代表性，那是言过其实。但是，倘若你细读中外哲学家“辨”和“辩”的文章，其背后确实潜藏着与上面两个例子类似的东西。这样的“辨”和“辩”能使真理愈辨愈明吗？戛戛乎难矣哉！

哲学家同诗人一样，都是在作诗。作不作由他们，信不信由你们。这就是我的结论。

1997 年 10 月 2 日

瓦尔德施米特教授治学经验之谈

瓦尔德施米特教授的专门研究范围是新疆出土的梵文贝叶经。在这一方面，他是蜚声世界的权威。他的老师是德国的梵文大家吕德斯教授，也是以学风谨严著称的。教授的博士论文以及取得在大学授课资格的论文，都是关于新疆贝叶经的。这两本厚厚的大书，里面的材料异常丰富，处理材料的方式极端细致谨严。一张张的图表，一行行的统计数字，看上去令人眼花缭乱，令人头脑昏眩。我一向虽然不能算是一个马大哈，但是也从没有想到写科学研究论文竟然必须这样琐细。两部大书好几百页，竟然没有一个错字，连标点符号，还有那些稀奇古怪的特写字母或符号，也都是个个确实无误，这实在不能不令人感到吃惊。德国人一向以彻底性自诩。我的教授忠诚地保留了德国的优良传统。留给我的印象让我终生难忘，终生受用不尽。

但是给我教育最大的还是我写博士论文的过程。按德国规定，一个想获得博士学位的学生必须念三个系：一个主系和两个副系。我的主系是梵文和巴利文，两个副系是斯拉夫语文系和英国语文系。指导博士论文的教授，德国学生戏称之为“博士父亲”。怎样才能找到博士父亲呢？这要由教授和学生两个方面来决定。学生往往经过在几个大学中获得的实践经验，最后决定留在某一个大学跟某一个教授做博士论文。德国教授在大学里至高无上，他说了算，往往有很大的架子，不大肯收博士生，害怕学生将来出息不大，辱没了自己的名声。越是名教授，收徒弟的条件越高。往往经过几个学期的“习弥那尔”①，教授真正觉得孺子可教，他才点头收徒，并给他博士论文题目。

对我来讲，我好像是没有经过那样漫长而复杂的过程。第四学期念完，教授就主动问我要不要一个论文题目。我听了当然是受宠若惊，立刻表示愿意。他说，他早就有一个题目《〈大事〉伽陀中限定动词的变化》，问我接受不接受。我那时候对梵文所知极少，根本没有选择题目的能力，便满口答应。题目就这样定了下来。佛典《大事》是用所谓“混合梵文”写成的，既非梵文，也非巴利文，更非一般的俗语，是一种乱七八糟杂凑起来的语言。这种语言对研究印度佛教史、印度语

① 意为高年级的课程。——编者注

言发展史等都是很重要的。我一生对这种语言感兴趣，其基础就是当时打下的。

题目定下来以后，我一方面继续参加教授的“习弥那尔”，听英文系和斯拉夫语文系的课，另一方面就开始读法国学者塞那校订的《大事》，一共厚厚的三大本，我真是争分夺秒，“开电灯以继晷，恒兀兀以穷年”。我把每一个动词形式都做成卡片，还要查看大量的图书杂志，忙得不可开交。此时国际环境和生活环境越来越恶劣。吃的东西越来越少，不但黄油和肉几乎绝迹，面包和土豆也仅够每天需要量的 1/3 至 1/4。黄油和面包都掺了假，吃下肚去，咕咕直叫。德国人是非常讲究礼貌的。但在当时，在电影院里，屁声相应，习以为常。天上还有英美的飞机，天天飞越哥廷根上空。谁也不知道，什么时候会有炸弹落下，心里终日危惧不安。在自己的祖国，日本军国主义者奸淫掳掠，杀人如麻。“烽火连三月，家书抵万金”，我是根本收不到家书的。家里的妻子老小，生死不知。我在这种内外交迫下，天天晚上失眠。偶尔睡上一点，也是噩梦迷离。有时候梦到在祖国吃花生米，可见我当时对吃的要求已经低到什么程度。几粒花生米，连龙肝凤髓也无法比得上了。

我的论文就是在这种情况下慢慢地写下去的。我想，应当在分析限定动词变化之前写上一篇有分量的长的绪论，说明“混合梵语”的来龙去脉以及《大事》的一些情况。我觉得，只有这样，论文才显得有气派。我翻看了大量用各种语言写成的论文，做笔记，写提纲。这个工作同做卡片同时并举，经过了大约一年多的时间，终于写成了一篇绪论，相当长。自己确实是费了一番心血的。“文章是自己的好”，我自我感觉良好，觉得文章分析源流，标列条目，洋洋洒洒，颇有神来之笔，值得满意的。我相信，这一举动一定会给教授留下深刻印象，说不定还要把自己夸上一番。当时欧战方殷，教授从军回来短期休假。我就怀着这样的美梦，把绪论送给了他。美梦照旧做了下去。隔了大约一个星期，教授在研究所内把文章退还给我，脸上含有笑意，最初并没有说话。我心里咯噔一下，直觉感到情势有点不妙了。我打开稿子一看，没有任何改动。只是在第一行第一个字前面画上了一个前括号，在最后一行最后一个字后面画上了一个后括号。整篇文章就让一个括号括了起来，意思就是说，全不存在了。这真是“坚决、彻底、干净、全部”消灭掉了。我仿佛当头挨了一棒，茫然、懵然，不知所措。这时候教授才慢慢地开了口：“你的文章费劲很大，引书不少。但是都是别人的意见，根本没有你自己的创见。看上去面面俱到，实际上毫无价值。你重复别人的话，又不完整准确。如果有人对你的文章进行挑剔，从任何地方都能对你加以抨击，而且我相信你根本无力还手。因此，我建议，把绪论统统删掉。在对限定动词进行分析以前，只写上几句说明就行了。”一席话说得我哑口无言，我无法反驳。这引起了我的激烈的思想斗争，心潮滚滚，冲得我头晕眼花。过了好一阵子，我的脑筋才清醒过来，仿佛做了黄粱一梦。我由衷地承认，教授的话是完全合情合理的。我由此体会到：写论文就应该是这个样子。

这是我一生第一次写规模比较大的学术论文，也是我第一次受到剧烈的打击。然而我感激这一次打击，它使我终生头脑能够比较清醒。没有创见，不要写文章，否则就是浪费纸张。有了创见写论文，也不要下笔千言，离题万里。空洞的废话少说、不说为宜。我现在也早就有了学生了，我也把我从瓦尔德施米特教授那里接来的衣钵传给了他们。

1987 年

陈寅恪先生的道德文章

站在学术新潮流的前面

各国学术发展史都告诉我们一个事实：学术同宇宙间万事万物一样，都不能一成不变，而是要随时变动的。变动的原因多种多样，但最重要的不外两项，一是新材料的发现，一是新观点、新方法的萌生。梁启超在《清代学术概论》中论晚清时代中国学术发展时说：

> 自乾隆后边徼多事，嘉道间学者渐留意西北边新疆、青海、西藏、蒙古诸地理，而徐松、张穆、何秋涛最名家。松有《西域水道记》、《汉书西域传补注》、《新疆识略》；穆有《蒙古游牧记》；秋涛有《朔方备乘》，渐引起研究元史的兴味。至晚清尤盛。外国地理，自徐继畬著《瀛寰志略》，魏源著《海国

图志》，开始端绪，而其后竟不光大。近人丁谦于各史外夷传及《穆天子传》、《佛国记》、《大唐西域记》诸古籍，皆博加考证，成书二十余种，颇精瞻。

这里讲了晚清时代一些新学问的开端，但是没有着重讲新材料的发现。王国维补充了梁启超的话。他说：

古来新学问之起，大都由于新发见之赐。有孔子壁中书之发见，而后有汉以来古文学家之学。有赵宋时古器之出土，而后有宋以来古器物古文字之学。唯晋时汲冢竹书出土后，因永嘉之乱，故其结果不甚显著。然如杜预之注《左传》，郭璞之注《山海经》，皆曾引用其说，而《竹书纪年》所记禹、益、伊尹事迹，至今遂成为中国文学上之重大问题。然则中国书本上之学问，有赖于地底之发见者，固不自今日始也。①

静安先生对新材料之发见能推动新学问之诞生，从中国学术史上加以阐述，令人信服。他把“新发见”归纳为五类：一、殷墟甲骨；二、汉晋木简；三、敦煌写经；四、内阁档

① 王国维讲，方壮猷记注：《近三十年中国学问上之新发见》，载《女师大学术季刊》第1卷第4期附录一。

案；五、外族文字。王静安先生的总结完全是实事求是的，是非常正确的。

寅恪先生也发表了类似的意见：

> 一时代之学术，必有其新材料与新问题。取用此材料，以研求问题，则为此时代学术之新潮流。治学之士，得预于此潮流者，谓之预流（借用佛教初果之名）。其未得预者，谓之未入流。此古今学术史之通义，非彼闭门造车之徒，所能同喻者也。[①]

他借用了佛教现成的术语，生动地、形象地提出了“预流”问题。我个人认为，不能再有比这更恰当的表述方法了。根据这个标准，历代许多大学者都有一个预流的问题。不预流，就无法逃脱因循守旧、固步自封的窘境，学术就会陈陈相因，毫无生气，也绝不可能进步。征之中外学术史，莫不皆然。王静安先生是得到了预流果的。中国近代许多著名的学者，也都是得到了预流果的。中国近代学术之所以彪炳辉煌，远迈前古，其根源就在这里。

而在众多的获得预流果的学者中，寅恪先生毫无疑问是独领风骚的。他的成就之所以超绝人寰，关键就在这里。王静安

① 陈寅恪：《金明馆丛稿二编·陈垣敦煌劫余录序》，上海古籍出版社 1980 年版，第 236 页。

先生列举的五类新发见，寅恪先生都有所涉猎。但是，人们都知道，他做学问最为慎重。他深知博与约的辩证关系。他决不炫学卖弄，哗众取宠。研究任何问题，都有竭泽而渔的气概，必须尽可能地掌握全部资料，才从中抽绎出理论性的结论来。他之所以自称为“不古不今之学”，正是他这种精神的表现。他自谦不通的学问，按之实际，也比一些夸夸其谈者高明不知多少倍。从他一生治学的道路来看，他是由博返约的。中晚年以后，治学比较集中。他非常尊重静安先生，“风义平生师友间”的诗句可以为证。但是他对王先生的经常改换题目，也还是有看法的。

他自己在静安先生列举的五类中，根据由博返约的精神，最后集中在敦煌写经和外族文字上；在历史研究方面，最后集中到隋唐史和明清之际的社会史上。生平学术创获也多在这几个方面。

总之，寅恪先生是预流的楷模。连中印文化关系史方面许多创获，也与此有关。他永不满足于已有的结论，在他一生学术追求中，他总是站在“流”的前面。

陈寅恪先生的治学方法

对一个学者来说，治学方法是至关重要的，可惜在今天的学术界难得解人矣。我不认为，我们今天的学风是完美无缺的。君不见，在“学者”中，东抄西抄者有之，拾人牙慧者有之，不懂装懂者有之，道听途说者有之，沽名钓誉者有之，哗众取宠者有之，脑袋中空立一论，不惜歪曲事实以求“证实”者更有之。这样的“学者”就是到死也不懂什么叫治学方法。

寅恪先生十分重视自己的治学方法。晚年他的助手黄萱女士帮助他做了大量的工作，可以说是立下了大功。有一次，寅恪先生对她说：“你跟我工作多年，我的治学方法你最理解。”黄女士自谦不很理解。寅恪先生一叹置之。他心中的痛苦，我们今天似乎还能推知一二。可惜我们已经回天无力，无法向他学习治学方法了。现在我来谈寅恪先生的治学方法，实在有点不自量力，诚惶诚恐。但又觉得不谈不行。因此，我谈的只能算是限于个人水平的一点学习心得。

什么是寅恪先生的治学方法呢?

一言以蔽之，曰考据之学。

这是学术界的公言，不是哪一个人的意见。汪荣祖先生在《史家陈寅恪传》中再三强调这一点，这是很有见地的。

但是陈先生的考据之学又决不同于我们经常谈的考据之学，它有它的特点，这一方面出于治学环境，一方面又出于个人禀赋。寅恪先生有家学渊源，幼承庭训，博通经史，泛览百家，对中国学术流变，了若指掌；又长期留学欧美日本，对欧美学术，亦能登堂入室；再加上天赋聪明，有非凡的记忆力，观察事物，细致入微。这两个方面，都表现在他的考据学上，形成了独特的风格。具体地说就是，他一方面继承和发扬了中国乾嘉考据学的精神，一方面又吸收了西方，特别是德国考据学的新方法，融汇中西，一以贯之。据我个人的体会，寅恪先生考据之学的独特风格，即在于此。

中国的考据学

在中国学术史上，考据学同所谓汉学是密切联系的，是汉学家所使用的治学主要方法。在学者之间，虽然也有一些分歧，但是大体上是一致的。汉学是对宋学的一种反动，滥觞于明末清初，大盛于乾嘉时代，考据学大体上也是这样。详细论述，请参阅梁启超的《清代学术概论》及钱穆的《中国近三百年学术史》。

什么叫考据（或证）学呢？梁启超在“概论”中有几句扼要的话：

> 其治学之根本方法，在“实事求是”，“无征不信”。其研究范围，以经学为中心，而衍及小学、音韵、史学、天算、水地、典章制度、金石、校勘、辑逸，等等。而引证取材，多极于两汉；故亦有“汉学”之目。

钱穆在“学术史”第四章讲顾亭林时，对考证学作了细致的分析：

> 故治音韵为通经之钥，而通经为明道之资。明道即所以救世，亭林之意如是。乾嘉考证学，即本此推衍，以考文知音之功夫治经，即以治经功夫为明道，诚可谓亭林宗传。抑亭林此书，不仅为后人指示途辙，又提供以后考证学者以几许重要之方法焉。撮要而言，如为种种材料分析时代先后而辨其流变，一也。（中略）其次则每下一说，必博求佐证，以资共信，二也。《四库全书日知录提要》，谓炎武学有本原，博瞻而能贯通。每一事必详其始末，参以佐证，而后笔之于书。故引据浩繁，而牴牾者少。语必博证，证必多例，此又以后考证学惟一精神所寄也。
>
> 亭林之治音学，其用思从明其先后之流变而入，其立说在博求多方之证佐而定，此二者皆为以后乾嘉考证学最要法门。

在后面，钱穆又引了方东树《汉学商兑序》的话，把清儒治考证者分为三派，都可以说是深中肯綮的。事实上，清代考证学总是不断有所发展的。全盛时期的代表人物，如惠栋、戴震、段玉裁、王引之、王念孙，等等，考证方法大同中有小异。到了章学诚，又提出了“六经皆史”的论点，又前进一步了。

总的来看，寅恪先生继承了这个考证学的传统。但是，他又发展了或者超越了这个传统。何以说是“超越”呢？我个人认为，这主要表现在两个方面：一个是他强调在史实中求史识；一个是他大大地扩大了传统的“小学”的范围。

所谓“史识”，是不是就是历史发展的规律？是，但又不全是。探索规律性的东西，所有的考据学亦都能做到，做不到这一步，考据也就失去了意义。乾嘉诸老都能做到。可惜他们就到此为止。据我个人的观察，在这一点上，乾嘉诸老与明末清初考证学的开创者稍有不同。根据钱穆的叙述，顾炎武主张“明道”“救世”，他当然也在考证中寻求规律；但是“明道”“救世”却超出了规律。这同所谓“义理”有类似之处，义理不能等同于规律。这种明道、救世的理想，到了乾嘉时代，由于客观环境的变化，已经消失。学者们囿于所习，只在故纸堆中寻求规律，把义理忘记了。寅恪先生却不然。他的专著和文章，不管多长多短，都展现了他那种严密考证的才能，其中都有规律性的结论。但是他却决不到此为止，决不为考证而考证，他那种悲天悯人、明道救世的精神，洋溢于字里行间，稍微细心的读者都能觉察。在这一点上，他同宋代大史学家司马光颇有“灵犀一点通”之处。他之所以推崇宋学，原因大概也就在这里吧。

讲到小学，也就是语言文字学，从顾炎武到乾嘉诸老，无不十分重视。顾亭林的话有代表意义：“读九经自考文始，考文自知音始。以至于诸子百家之书，亦莫不然。”[①]但是，他们的小学，实际上只限于汉语。这当然有极大的局限性。到了寅恪先生手中，小学的范围大大地扩大了。古代外族语言和少数民族语言，无不供他驱使。这样一来，眼界和研究方法都大大地扩大，其所得到的结论当然也就今非昔比了。乾嘉诸老自不能望其项背矣。

德国的考据学

德国学术发展史，不同于中国。他们治学的方法不可能叫做考据学。但是，德国的民族性中有一突出的特点，这就是所谓的“彻底性”（Gründlichkeit），也就是一种打破砂锅问到底的劲头。这种劲头与中国的考据学有相通之处。19世纪，比较语言学在德国取得了其他国家都赶不上的辉煌成就，与这种民族性有密切联系。19世纪至20世纪的梵文研究，也表现了这种精神。

寅恪先生曾在几个欧美国家留学，在德国时间更长，受业于Heinrich Lüders诸大师，学习梵语及其他古代语言文字，深通德国学者的治学方法。结果他把中国考据学和德国考据学严密地结合起来，融会贯通，再济之以德国的彻底性，著为文章。在考证方面，别人在探索时能深入两三层，就已经觉得不

---

①《顾亭林文集》卷四，《答李子德书》。

错了，再进就成了强弩之末，力不从心了。而寅恪先生则往往能再深入几层，一直弄个水落石出，其结论当然深刻多了。

但是，他学习德国考据学，并非奴隶式地模仿。在加注方面，他不学习德国学者半页加注做法。他的办法毋宁说是更接近中国传统做法，脚注极少。有的地方，他又超越了德国考据学。德国学者往往只求规律，不讲义理。而寅恪先生则是正如我上面所说的，规律与义理并重。这一点，只要读一读两方面的文章，立刻就能感觉到。

归纳以上所论，寅恪先生实集中德两方考据学之大成。当代中国有些学者往往视考据学为一时一派之方法，其实这是完全错误的。在相当长的一段时间内，中国曾大批考据学，大有当代堂·吉诃德之势。及今思之，实觉可笑。其实只要搞学问，就要有资料，首先必须把资料搞清楚：真伪如何？时代如何？来源如何？演化如何？相互关系又如何？不这样也是不可能的。史料不清，而贸然下结论，其结果必然是南辕而北辙，不出笑话者几希。

我认为，Heinrich Lüders 和寅恪先生为中西两个考据学大师。在世界上享有极高的声誉。印度发现了新碑铭，读不懂，就说：找 Lüders 去。他被公认为近代最伟大的梵文学家。他同寅恪先生有很多共同之处。他们考证名物，旁征博引，分析入微，如剥芭蕉，渐剥渐深。开始时人们往往不能理解，为什么这样假设。但是，只要跟着他们剥下去，到最后，必然是

"山重水复疑无路，柳暗花明又一村"，茅塞顿开，豁然开朗了。我读他们两人的极端烦琐貌似枯燥的考证文章，认为是极大的享受，远远超过中外文学名著，并世无第三人。同意我的意见的，大有人在；不同意者当然也同样大有人在。俗话说，敲锣卖糖，各干各行，不能强求的。不管怎样，他们两人的著作，我总是爱不释手。他们那种天外飞来的奇思，于没有联系中看出联系，于平淡中看出深邃。读到会心处，直欲"浮一大白"。当年灵山会上，如来拈花，迦叶微笑。世间没有佛祖，我也绝非迦叶。但是，我和我的志同道合者们对两位大师的著作的爱好，难道同这个神话故事所表达的意蕴，没有相通之处吗？

要在寅恪先生的著作中找具体的例子，那就俯拾即是，几乎每一篇文章都是。他在文章中喜欢用"发古人未发之覆"这样的词句。事实上，他自己正是这样做的。文章不管多长多短，无不发覆，无不有新的见解。我在这里只顺手举出几个例子来。王羲之为古今书圣，古人论之者、誉之者众矣，但是没有哪个人真能解释他所以爱鹅的原因。寅恪先生在《天师道与滨海地域之关系》中解开了这个千古之谜。韩愈古文运动的真正原因，古今论者也没有哪一个能说清楚。寅恪先生在《元白诗笺证稿·长恨歌章》和《论韩愈》中解释了其中的前因后果。支愍度之所以提倡"心无义"，以及什么叫"心无义"，寅恪先生在《支愍度学说考》中讲得一清二楚。这样的例子是举不完的。他的每一部书、每一篇文章，都能解决一个或多个别人从来没有解决，也想不到去解决的问题。这已经是众所周知的事实，无须再详细论证了。

寅恪先生还有一种令人惊奇的本领，不管什么资料，不管是正史，还是稗官野史，到了他手中都能成为珍贵的史料。他从来不炫学卖弄，也不引僻书。他用的资料都是极为习见的，别人习而不察，视而不见，经他一点，粗铁立即化为黄金。牛溲、马勃、败鼓之皮，一经他的手，立即化腐朽为神奇。这也是大家都承认的事实，也无须再详细论证了。

寅恪先生之所以有这种本领，一则由于天赋，再则由于博学。根据我个人的体会，他还有一个脑筋里经常考虑问题的习惯。他无论何时都在认真、细致地研究问题。有一次他问我：《高僧传·佛图澄传》中有两句铃音“秀支替戾冈，仆谷劬秃当”，这是什么语言？可见这个问题在他头脑中恐怕是历有年数了。

以上所论，仅仅是个人的一点体会。限于水平，我目前只能体会到这个程度。我觉得，寅恪先生实际上已经将清儒所说的义理、辞章、考据三门大学问，集于一身。从他生前起，学者们（比如郑天挺教授）就称他为“教授之教授”，绝非溢美之词，恐怕已是天下之公言了。

中国文化的内涵

我曾经把文化分为两类：狭义的文化和广义的文化。狭义指的是哲学、宗教、文学、艺术、政治、经济、伦理、道德等等。广义指的是包括精神文明和物质文明所创造的一切东西，连汽车、飞机等等当然都包括在内。

周一良先生曾把文化分为三个层次：狭义的、广义的、深义的。前二者用不着再细加讨论，对于第三者，深义的文化，周先生有自己的看法。他说："在狭义文化的某几个不同领域，或者在狭义和广义文化的某些互不相干的领域中，进一步综合、概括、集中、提炼、抽象、升华，得出一种较普遍地存在于这许多领域中的共同东西。这种东西可以称为深义的文化，亦即一个民族文化中最为本质或最具有特征的东西。"[①] 他举日本文化为例，他认为日本深义的文化的特质是"苦涩""闲寂"。具体表现是简单、质朴、纤细、含蓄、古雅、引而不发、不事雕饰等。周先生的论述和观察，是很有启发性的。我觉得，他列举的这一些现象基本上都属于民族心理状态或者心理素质，以及生活情趣的范畴。

把这个观察应用到中华民族文化上，会得到什么结果呢？我不想从民族心态上来探索，我想换一个角度，同样也能显示出中华文化的深层结构或者内涵。

在这个问题上，寅恪先生实际上已先我著鞭。在《王观堂先生挽词·序》中，寅恪先生写道：

① 周一良：《中日文化关系史论》，江西人民出版社 1990 年版，第 18 页。

吾中国文化之定义，具于《白虎通》三纲六纪之说，其意义为抽象理想最高之境，犹希腊柏拉图所谓 idea[①] 者。

我觉得，这是非常精辟的见解。在下面谈一下我自己的一些想法。

中国哲学同外国哲学不同之处极多，其中最主要的差别之一就是，中国哲学喜欢谈论知行问题。我想按照知和行两个范畴，把中国文化分为两部分：一部分是认识、理解、欣赏等等，这属于知的范畴；一部分是纲纪伦常、社会道德等等，这属于行的范畴。这两部分合起来，形成了中国文化。在这两部分的后面存在着一个最为本质，最具有特征的、深义的中华文化。

寅恪先生论中国思想史时指出：

南北朝时，即有儒释道三教之目。（中略）故自晋至今，言中国之思想，可以儒释道三教代表之。此虽通俗之谈，然稽之旧史之事实，验以今世之人情，则三教之说，要为不易之论。（中略）故两千年来华夏民族所受儒家学说之影响，最深最巨者，实

① 哲学著作一般把柏拉图的 idea（或 eidos）译为“理念”，朱光潜先生则极力倡导译成“理式”，陈康先生主张译为“相”或“型”。——编者注

在制度法律公私生活之方面，而关于学说思想之方面，或转有不如佛道二教者。[①]

事实正是这个样子。对中国思想史仔细分析，衡之以我上面所说的中国文化二分说，则不难发现，在行的方面产生影响的主要是儒家，而在知的方面起决定作用的则是佛道二家。潜存于这二者背后那一个最具中国特色的深义文化是三纲六纪等伦理道德方面的东西。

专就佛教而言，它的学说与实践也有知行两个方面。原始佛教最根本的教义，如无常、无我、苦，以及十二因缘等等，都属于知的方面。八正道、四圣谛等，则介于知行之间，其中既有知的因素，也有行的成分。与知密切联系的行，比如修行、膜拜，以及涅槃、跳出轮回，则完全没有伦理的色彩。传到中国以后，它那种无父无君的主张，与中国的三纲六纪等等，完全是对立的东西。在与中国文化的剧烈冲击中，佛教如果不能适应现实情况，必然不能在中国立定脚跟，于是佛教只能做出某一些伪装，以求得生存。早期佛典中有些地方特别强调"孝"字，就是歪曲原文含义以适应中国具有浓厚纲纪色彩文化的要求。由此也可见中国深义文化力量之大、之不可抗御了。

这一点，中国不少学者是感觉到了的。我只举几个例子。

① 陈寅恪：《金明馆丛稿二编·冯友兰中国哲学史下册审查报告》，上海古籍出版社1982年版，第250—251页。

这些例子全出于《论中国传统文化》[1]，中国文化书院讲演录第一集。

梁漱溟先生说：

> 中国人把文化的重点放在人伦关系上，解决人与人之间怎样相处。（页 137）

冯友兰先生说：

> 基督教文化重的是天，讲的是“天学”；佛教讲的大部分是人死后的事，如地狱、轮回等，这是“鬼学”，讲的是鬼；中国的文化讲的是“人学”，注重的是人。（页 140）

庞朴先生说：

> 假如说希腊人注意人与物的关系，中东地区则注意人与神的关系，而中国是注意人与人的关系，我们的文化的特点是更多地考虑社会问题，非常重视现实的人生。（页 75）

① 此书由生活·读书·新知三联书店于 1988 年出版。——编者注

这些意见都是非常正确的。事实上，孔子就是这种意见的代表者。“子不语怪、力、乱、神”，就是证明。他自己还说过：“未知生，焉知死。”

国外一些眼光敏锐的思想家也早已看到了这一点，比如德国最伟大的诗人歌德，就是其中之一。1827 年 1 月 29 日同爱克曼谈“中国的传奇”时，他说：

中国人在思想、行为和情感方面几乎和我们一样，使我们很快就感到他们是我们的同类人，只是在他们那里一切都比我们这里更明朗，更纯洁，也更合乎道德。（中略）还有许多典故都涉及道德和礼仪。正是这种在一切方面保持严格的节制，使得中国维持到几千年之久，而且还会长存下去。[①]

连在审美心理方面，中国人、中国思想、中国文化都有其特点。

日本学者岩山三郎说：

西方人看重美，中国人看重品。西方人喜欢玫瑰，因为它看起来美，中国人喜欢兰竹，并不是因

① 朱光潜译：《歌德谈话录》，人民文学出版社 1978 年版，第 112 页。

为它们看起来美，而是因为它们有品。它们是人格的象征，是某种精神的表现。这种看重品的美学思想，是中国精神价值的表现，这样的精神价值是高贵的。

我在上面的论述，只是想说明一点：中国文化同世界其他国家的文化，既然同为文化，必然有其共性。我在这里想强调的却是它的特性。我认为，中国文化的特性最明显地表现在或者可以称为深义的文化上，这就是它的伦理色彩，它所张扬的三纲六纪，以及解决人与人之间的关系的精神。

外来文化与本土文化

寅恪先生虽然强调中国本位文化，但是他非但不是文化排外主义者，而且是承认中国吸收外来文化这件历史事实的，并且在这方面做了大量的探讨发展的工作，论证了吸收外来文化的必要性。他说：

> 窃疑中国自今日以后，即使能忠实输入北美或东欧之思想，其结局当亦等于玄奘唯识之学，在吾国思想史上，既不能居最高之地位，且亦终归于歇绝者。其真能于思想上自成系统，有所创获者，必须一方面吸收输入外来之学说，一方面不忘本来民

族之地位。此二种相反而适相成之态度，乃道教之真精神，新儒家之旧途径，而二千年吾民族与他民族思想接触史之所昭示者也。[①]

这一段话里包含着十分深刻的思想。对外来文化，盲目输入，机械吸收，必然会等于玄奘唯识之学。只有使吸收外来文化与保存本土文化相辅相成，把外来文化加以“变易”，它才能成为本土文化的一部分，而立定脚跟。

吸收的过程十分曲折又复杂。两种文化要经过互相撞击、互相较量、互相适应、互相融会等等阶段，最后才能谈到吸收。在这个很长的过程中，外来文化必须撞掉与本土文化水火不相容的那一部分，然后才能被接纳。佛教传入中国以后，提供了大量的这样的例子，生动而又具体。正是寅恪先生，在这方面做了大量的探索研究工作，写过大量的论文，有兴趣者可以自己去读他的原作，我在这里不可能一一列举。

但是，我仍然想举两个简单的例子。第一个是关于“道”字的译法问题。唐代初年，印度方面想得到老子《道德经》的梵文译本，唐太宗把翻译的任务交给了玄奘。玄奘把至关重要的“道”字译为梵文 mārga（末伽）。但是那一群同玄奘共同工作的道士却大加反对，认为应该用佛教术语“菩提”来译。

① 陈寅恪：《金明馆丛稿二编·冯友兰中国哲学史下册审查报告》，上海古籍出版社 1982 年版，第 252 页。

这个例子颇为有趣。中国和尚主张直译道家哲学中最重要的术语“道”字，而中国道士反而偏要用佛教术语。在这之前，晋代的慧远《大乘义章》中已经谈到这个问题：

> 释言：外国说“道”名多，亦名“菩提”，亦曰“末伽”。如四谛中，所有道谛，名“末伽”矣。此方名少，是故翻之，悉名为道。与彼外国“涅槃”、“毘尼”悉名“灭”，其义相似。

谈到这里，寅恪先生说道：

> 盖佛教初入中国，名词翻译，不得不依托较为近似之老庄，以期易解。后知其意义不切当，而教义学说，亦渐普及，乃专用对音之“菩提”，而舍置义译之“道”。①

第二个例子是《莲花色尼出家因缘》。里面有所谓七种咒誓恶报，但仅载六种。经寅恪先生仔细研究，第七种实为母女共嫁一夫，而其夫即其所生之子，真相暴露后，羞愧出家。寅恪先生说道：

---

① 陈寅恪：《金明馆丛稿二编·大乘义章书后》，上海古籍出版社 1982 年版，第 163 页。

盖佛藏中学说之类是者，纵为笃信之教徒，以经神州传统道德所熏习之故，亦复不能奉受。特以其为圣典之文，不敢昌言诋斥。唯有隐秘闭藏，禁绝其流布而已。《莲花色尼出家因缘》中聚麀恶报不载于敦煌写本者，即由于此。[①]

例子就举这两个。

第二个例子实际上又牵涉到我在上面谈过的文化分为知和行两部分的问题。我在这里想引申一下，谈一谈从文化交流的角度上看印度文化的这两部分到了中国以后所处的地位。我们从印度吸收了不少的东西（当然中国文化也传入了印度，因为同我现在要讨论的问题无关，暂且置而不论）。仔细分析一下，印度文化知与行的部分，在中国有不同遭遇。知的部分，即认识宇宙、人生和社会的理论部分，我们是尽量地吸收，稍加改易，促成了新儒学的产生。中国道家也从佛教理论中吸收了不少东西，但是，在行的方面，我们则尽量改易。在中国的印度和中国佛教徒也竭力改变或掩盖那些与中国传统伦理道德相违反的东西，比如佛教本来是宣传无父无君的，这一点同中国文化正相冲突，不加以改变，则佛教就将难以存在下去。这一点我在上面已经谈到过，但是重点与此处不同。那里讲的是

① 陈寅恪：《寒柳堂集·莲花色尼出家因缘跋》，上海古籍出版社 1980 年版，第 155 页。

中国深义文化的伦理道德色彩，这里讲的是对印度文化知与行两部分区别对待问题。

文化与气节

我在上面讲了中国文化的伦理道德的特点，以及由这个特点所决定的吸收印度文化的态度。现在我想谈一谈与此基本相同而又稍有区别的一个问题：文化与气节。

气节也属于伦理道德范畴。但是在世界各国伦理道德的学说和实践中，没有哪一个国家像中国这样强调气节。在中国古代典籍中，讲气节的地方不胜枚举。《孟子·滕文公下》也许是最具有典型意义的：

> 富贵不能淫，贫贱不能移，威武不能屈，此之谓大丈夫。

这样的“大丈夫”是历代中国人民的理想人物，受到广泛的崇拜。

中国历来评骘人物，总是道德文章并提。道德中就包含着气节，也许是其中最重要的成分。中国历史上有一些大学者、大书法家、大画家等等，在学问和艺术造诣方面无疑都是第一流的，但是，只因在气节方面有亏，连他们的学问和艺术都不值钱了，宋朝的蔡京和赵孟頫，明朝的董其昌和阮大铖等等是典型的例子。在外国，评骘人物，气节几乎一点作用都不起，审美观念中西也有差别，这一点我在上面已经讲过。“岁寒然后知松柏之后凋也”这样的伦理道德境界，西方人是难以理解的。

寅恪先生是非常重视气节的，他给予气节新的解释，赋予它新的涵义。对于王静安先生之死，他在《清华大学王观堂先生纪念碑铭》中写道：

> 士之读书治学，盖将以脱心志于俗谛之桎梏，真理因得以发扬。思想而不自由，毋宁死耳。斯古今仁圣所同殉之精义，夫岂庸鄙之敢望。先生以一死见其独立自由之意志，非所论于一人之恩怨，一姓之兴亡。

写到这里，已经牵涉到爱国主义问题。

爱国主义

爱国主义在中国有极悠久的历史传统。中国的知识分子，古代所谓“士”，一向有极强的参政意识。“天下兴亡，匹夫有责”，就是这种意识的具体表现。从孔子、孟子、墨子等等先秦诸子，无不以治天下为己任。尽管他们的学说五花八门，但是他们的政治目的则是完全一致的。连道家也不例外，否则也写不出《道德经》和《南华经》。他们也是想以自己的学说来化天下的。

仔细分析起来，爱国主义可以分为两种：狭义的与广义的。对敌国的爱国主义是狭义的，而在国内的爱国主义则是广义的。前者很容易解释，也是为一般人所承认的，后者则还需要说一下。中国历代都有所谓忠臣，在国与国或民族与民族之间的矛盾中出现的忠臣，往往属于前者。但也有一些忠臣与国际间的敌我矛盾无关。杜甫的诗“致君尧舜上，再使风俗淳”，确实与敌国无关，但你能不承认杜甫是爱国的吗？在中国古代，忠君与爱国是无法严格区分的。君就是国家的代表，国家的象征，忠君就是爱国。当然，中国历史上也出现过一些阿谀奉承的大臣。但是这些人从来也不被认为是忠君的。在中国伦理道德色彩极浓的文化氛围中，君为臣纲是天经地义。大臣们希望国家富强康乐，必须通过君主，此外没有第二条路。有些想“取而代之”的人，当然不会这样做。但那是另一个性质完全不同的问题，与我现在要谈的事情无关。真正的忠君，正如寅恪先生指出来的那样，“若以君臣之纲言之，君为李煜亦期之以刘秀”。这是我所谓的广义的爱国主义。

至于狭义的爱国主义，在中国也很容易产生。中国历代都有外敌。特别是在北方，几乎是从有历史以来，就有异族窥伺中原，不时武装入侵，想饮马黄河长江。在这样的情况下，为国家抛头颅、洒热血者，代有其人。这就是我所谓的狭义的爱国主义。

这里有一个关键问题，必须分辨清楚。在历史上曾经同汉族敌对过的一些少数民族，今天已经成为中华民族的一部分。有人就主张，当年被推崇为爱国者的一些人，今天不应该再强调这一点，否则就会影响民族团结。我个人认为，这个说法是完全不能接受的。我们是历史唯物主义者，当年表面上是民族之间的敌对行为，是国与国之间的问题，不是国内民族间的矛盾。这是历史事实，我们必须承认。怎么能把今天的民族政策硬套在古代的敌国之间的矛盾上呢？如果是这样的话，我们全国人民千百年所异常崇敬的民族英雄，如岳飞、文天祥等等，岂不都成了破坏团结的罪人了吗？中国历史上还能有什么爱国者呢？这种说法之有害、之不正确，是显而易见的。

陈寅恪先生一家三代的爱国主义

现在我想专门谈寅恪先生一家三代人的爱国主义。我认为，他们的爱国主义既包括狭义的，也包括广义的。下面分别谈一谈。

我想从寅恪先生的祖父陈宝箴谈起。他生于 1831 年（道光十一年）。虽然出身书香世家，但一生只是一名恩科举人，并没有求得很高的功名。他一生从政，办团练，游幕府，受到了曾国藩的提拔，最后做到了湖南巡抚。他生在清代末叶，当时吏治不修，国家多事，贪污腐化，贿赂公行，外有敌寇，内有民变，真正是多事之秋。也许正是这样的环境，才决定了他的爱国之心。1860 年，他在北京参加会试，正值英法联军入寇京师，咸丰北狩，恶寇焚毁圆明园时，他正在酒楼上饮酒，目睹西面火光冲天，悲愤填膺，伏案痛哭。1894 年，甲午对日抗战失败，中国又被迫签订《马关条约》，宝箴曾痛哭道："无以为国矣。"此时清王朝如风中残烛，成为外寇任意欺凌的对象。他这种爱国真情，是属于狭义的爱国主义的。参阅汪荣祖：《史家陈寅恪》①。

1895 年 8 月，陈宝箴被任命为湖南巡抚。这时正是新政风云弥漫全国的时候。他认为新政是富国强兵的有效措施，于是在湖南奋力推行，振兴实业，开辟航运，引进机器制造，另设时务学堂、算学堂、湘报馆、南学会、武备学堂等，开展教育文化事业。他引江标、黄遵宪、梁启超等了解外情的开明之士，共同努力。他的儿子陈三立（散原）也以变法开风气为己任，湖南风气一时为之大变。戊戌变法失败以后，宝箴受到严惩，革职永不叙用。为了拳拳爱国之心，竟遭到这样的下场。但是他却青史留名，永远受到人民的崇敬。在这里，他的爱国主义是广义的。

---

① 此书初版由香港波文书局 1976 年印行，后由台北联经出版公司 1984 年、1977 年先后两次增订再版；其间江西百花洲文艺出版社以《陈寅恪评传》为题出版简体字版。2005 年北京大学出版社据 1977 年台北联经版、经原书作者重新修订后再版。——编者注

总之，陈宝箴先生可以说是集狭义爱国主义与广义爱国主义于一身的。

陈三立继承了父亲的热爱祖国的精神。早年曾佐父在湖南推行新政，以拯救国家危亡。戊戌政变以后，他也受到革职处分。此后，他历经所谓推行新政，所谓勤王，袁世凯搞的所谓立宪运动，辛亥革命，洪宪丑剧，军阀混战，一直到国民党统治，日寇入侵，终其一生，没有再从政。但是，他却绝非出世，绝非退隐，他一刻也没有忘怀中国人民的疾苦。到了 1937 年，卢沟桥事变爆发，他正在北京，忧愤成疾。8 月 8 日，日寇入城，老人已届耄耋之年，拒不进食，拒不服药，终于以身殉国。

散原老人也可以说是集狭义爱国主义与广义爱国主义于一身的。

至于寅恪先生，他上承父祖爱国主义之传统，一生经历较前辈更多坎坷，更为复杂。但是他曾历游各国，眼光因而更为远大，胸襟因而更为广阔，在他身上体现出来的爱国主义，涵义也就更为深刻。

寅恪先生一生专心治学，从未参与政治；但他绝非脱离现实的人物，象牙塔中的学者。他毕生关心世界大事，关心国家民族的兴亡，关心传统文化的继承与发展。并世学者，罕见其俦。这表明他继承了中国自古以来知识分子以天下为己任的优良传统，也表明了他爱国心切。颇有一些学者，表面上参政、议政，成为极活跃的社会活动家，然而，在他们心中，民族存亡、文化存续，究竟占有什么地位，是颇为值得怀疑的。

寅恪先生则不然，他表面上淡泊宁静，与世无争。实则在他的内心深处，爱国热情时时澎湃激荡。他的学术研究，诗文创作，无一非此种热情之流露，明眼人一看便知。李璜有一段话，很值得注意：

> 我近年历阅学术界之纪念陈氏者，大抵集中于其用力学问之勤、学术之富、著作之精，而甚少提及其对国家民族爱护之深与其本于理性，而明辨是非善恶之切，酒酣耳热，顿露激昂。我亲见之，不似象牙塔中人，此其所以后来写出吊王观堂（国维）先生之挽词而能哀感如此动人也。[①]

李璜这一段话是极有见地的。我于寅恪先生对王静安之死的同情，长久不能理解。一直到最近，经过了一番学习与思考，才豁然开朗。他们同样是热爱中国文化的，一种伦理道德色彩渗透于其中的深义的文化。热爱中国优秀的传统文化，就是爱国的一个具体表现。两位大师在这一点上“心有灵犀一点通”，因此静安之死才引起了寅恪先生如此伤情。

① 汪荣祖：《史定陈寅恪》，台北联经出版公司 1977 年版，第 36 页。

寅恪先生在政治上是能明辨是非的。国民党和蒋介石都没给他留下好印象。1940 年，他到重庆去参加中央研究院评议会，见到了蒋介石。他在一首诗《庚辰暮春重庆夜归作》中，写了两句诗："食蛤那知天下事，看花愁近最高楼。" 据吴雨僧（宓）先生对此诗的注中说："已而某公宴请中央研究院到会诸先生，寅恪于座中初次见某公，深觉其人不足有为，故有此诗第六句。"[①]

寅恪先生对共产党什么态度呢？浦江清的《清华园日记》中讲到，寅恪先生有一次对他说，他赞成 communism（共产主义），但反对 Russian communism（俄国共产主义）。这个态度非常明确。在过去某一个时期，这个态度被认为是反动的。及今视之，难道寅恪先生的态度是不可以理解的吗？

此时寅恪先生正在香港大学任教。我所谓"此时"，是指上面谈到的中央研究院开会之际，日军正在南太平洋以及东南亚等地肆虐。日军攻占了香港以后，寅恪先生处境十分危险。他是国际上著名学者，日寇当然不会轻易放过他。日军曾送麦粉给陈家，这正是濒于断炊的陈家所需要的。然而寅恪先生全家宁愿饿死，也决不受此不义的馈赠。又据传说，日军馈米两袋，拒不受，并写诗给弟弟隆恪，其中有"正气狂吞贼"之句，可见先生的凛然正气。不愧为乃祖乃父之贤子孙，中华民族真

① 汪荣祖：《史定陈寅恪》，台北联经出版公司 1977 年版，第 840 页。

正的脊梁。

就在这样的情况下，迎来了解放。我在上面已经说过，寅恪先生不反对共产主义。北京解放前夕，为什么又飞离故都呢？我认为，我们不应该苛求于人。我的上一辈和同辈的老知识分子，正义感是有的，分辨是非的能力也不缺少。国民党所作所为，他们亲眼目睹。可是共产党怎样呢？除了极少数的先知先觉者以外，对绝大多数的人来说，这还是个谜，我们要等一等，看一看。有的人留在北京看，有的人离开北京看。飞到香港和台湾去的只是极少数的人。寅恪先生飞到了广州。等到解放军开进广州的时候，他的退路还有很多条，到台湾去是一条，事实上傅斯年再三电催。到外国去，又是一条。到香港去，也是一条。这几条路，他走起来，都易如反掌。特别是香港，近在咫尺，他到了那里，不愁不受到热烈的欢迎。但是，他却哪里也没有去，他留在了广州。我想，我们只能得出一个结论：他热爱祖国，而这个祖国只能是中华人民共和国。

在广州，寅恪先生先后任教于岭南大学和中山大学，受到了周恩来总理和陈毅副总理等人的关怀照顾。但是，在另一方面，新中国成立后几十年中，政治运动此伏彼起，从未停止，而且大部分是针对知识分子的，什么“批判”，什么“拔白旗”，等等，不一而足。不能说其中一点正确的东西都没有；但是，绝大部分是在极“左”的思想指导下进行的。这当然大大地挫伤了爱国知识分子的积极性。到了“十年浩劫”，达到了登峰造极的程度，影响了我们的经济建设，破坏了我国的优秀的传统文化，成为中华民族历史上一个空前的污点。其危害之深，有目共睹，这里不再细谈了。

在这样的情况下，一向热爱祖国、热爱祖国文化、关心人民疾苦、期望国家富强的寅恪先生，在感情上必然会有所反应，这反应大部分表现在诗文中。在他那大量的诗作中，不能说没有调子高昂怡悦的作品，但是大部分是情调抑郁低沉的。这也是必然的。我们的工作有成绩，也有错误。寅恪先生不懂什么阿谀奉承，不会吹捧，胸中的愤懑一抒之于诗中，这有什么难以理解的呢？有些事情，在当时好多人是糊涂的，现在回视，寅恪先生不幸而言中，这一点唯物主义能不承认吗？到了“文化大革命”，黄钟毁弃，瓦缶雷鸣，一切是非都颠倒了过来。寅恪先生也受到了残酷的迫害，终至于不起，含恨而终。他晚年是否想到了王静安先生之死，不得而知，他同王同样是中国文化所托命之人，有类似的下场，真要“常使英雄泪满襟”了。

总之，我认为，寅恪先生同父祖一样，是把狭义的爱国主义与广义的爱国主义集于一身的。陈氏一门三忠义，这是一个客观事实。他们都是中国知识分子杰出的代表。

我在这里还想把寅恪先生等中国知识分子的爱国主义同西方的爱国主义对比一下。西方国家在资本主义原始积累以前，也就是在还没有侵略成性以前，所谓爱国主义多表现为争取民族的独立与自由的斗争。到了资本主义抬头，侵略和奴役亚、非、拉美时期，就没有真正的爱国主义，实际上只能有民族沙文主义。至于法西斯国家的“爱国主义”，则只能是想压迫别人、屠杀别人的借口，与真正的爱国主义毫无共同之处。中国则不然。过去我们有爱国主义的传统，这一点我在上面已经谈到过。到了近现代，沦为半殖民地，人为刀俎，我为鱼肉。在这种情况下，中国爱国的知识分子（当然也有别的人）拍案而起。我认为，这才是真正的爱国主义，而不是挂羊头，卖狗肉。

中国同西方国家的知识分子，还有一点是颇为不相同的，这就是，中国知识分子多半具有程度强烈不同的忧患意识。宋朝范仲淹著名的话：“先天下之忧而忧，后天下之乐而乐”，是最好的证明。我们一些俗语：“人无远虑，必有近忧”等等，也表示了同样的意思。朱柏庐的《治家格言》说：“宜未雨而绸缪，毋临渴而掘井。”这也已成为大家的信条。即使在真正的大好形势下，有一点忧患意识，也是非常必要的，而绝无害处的。寅恪先生毕生富有忧患意识，我现在引他一段话：

余少喜临川新法之新，而老同涑水迂叟之迂。盖验以人心之厚薄，民生之荣悴，则知五十年来，如车轮之逆转，似有合于所谓退化论之说者。是以论学论治，迥异时流，而迫于事势，噤不得发。[①]

就让这一段言简意赅的话作本文的结束语吧。

1990年

① 陈寅恪：《寒柳堂集·读吴其昌撰梁启超传书后》，上海古籍出版社1980年版，第150页。

胡适先生的学术成就和治学方法

作为学者的胡适

我认为，胡适首先是一个学者，所以我把评估他的学术成就列为第一项。这里用“评估”二字，似乎夸大了一点，只能说是我对他的学术成就的印象而已。而且学者和思想家往往紧密相连，你中有我，我中有你。硬分为二，是不得已之举。其间界限是十分模糊的。

我不是写《胡适传》，我不想把他的学术著作一一罗列。如果举书名的话，也不过是为了便于说明问题。我想把他的学术著作粗略地分为六大类：

（1）早年的《诗三百篇言字解》《尔汝篇》《吾我篇》；

（2）整理国故和《国学研究》；

（3）以《说儒》为中心的《胡适论学近著》；

（4）关于神会和尚的研究；

（5）关于《水经注》的研究；

（6）为许多旧的长篇小说写序、作考证，一直到新红学、《白话文学史》和《哲学史》等。

这六大类约摸可以概括他的学术研究范围。

我对以上六大类都不一一作细致的论述和分析。我只根据我在上面划分中国近百年学术史的阶段时提出来的三条线索或者三条脉络，来笼统地加以概括。第一类中的三篇文章，明显地表现出来了，它们一方面受到了乾嘉考据的影响，另一方面又受到了西方语言研究的影响，特别是"吾""我""尔""汝"这几个人称代词。汉字是没有曲折变化的，完全不像西方那样。在西方语言中，人称代词有四格——主格、宾格、所有格和受事格——从字形上来看，泾渭分明。而汉字则不然，格变只能表现在字变上。这一点很容易为不通西语者所疏忽。胡适至少通英语，对此他特别敏感，所以才能写出这样的文章。胡适自己说：

> 我那时对归纳法已经发生了兴趣，也有所了解，至少我已经知道了"归纳法"这个词汇了。同时我也完全掌握了以中国文法与外国文法作比较研究的知识而受其实惠。[1]

①《胡适口述自传》，华东师范大学出版社 1997 年版，第 120—121 页。

可以看出他自己的认识。

谈到国学研究，先要澄清一个误解。我往往听到有人怀疑：胡适是新文化运动的领袖，怎么会一变而整理起国故来？这是不了解全面情况的结果。胡适说：

> 中国文艺复兴运动有四重目的：
>
> （1）研究问题，特殊的问题和今日迫切的问题；
>
> （2）输入学理，从海外输入那些适合我们作参考和比较研究用的学理；
>
> （3）整理国故（把三千年来支离破碎的古学，用科学方法做一番有系统的整理）；
>
> （4）再造文明，这是上三项综合起来的最后目的。[①]

原来胡适是把整理国故或国学研究纳入他的“中国文艺复兴”的范畴之内的，同平常所理解的不同。

胡适对中国近三百年来的学术研究作了几点总结。在成就方面，他认为有三项：第一项是有系统的古籍整理；第二项是发现古书和翻刻古书；第三项是考古——发现古物。同时，他也指出了三大严重的缺点：第一个缺点是研究范围太狭窄；

---

①《胡适口述自传》，华东师范大学出版社 1997 年版，第 203 页。

第二个缺点是太注重功力，而忽略了理解；第三个缺点是缺少参考比较的材料。他针对这三大缺点，提出了复兴和提倡国学研究的三点意见：第一，用历史的方法来尽量扩大研究的范围；第二，注意有系统的整理；第三，“专史式”的整理——诸如语言文字史、文学史、经济史、政治史、国际思想交流史、科技史、艺术史、宗教史、风俗史等等。[①]

以上就是胡适对整理国故的意见和贡献。

至于《胡适论学近著》中《说儒》那一篇长达数万言的论文，确是他的力作。他认为，“儒”字的原义是柔、弱、懦、软等等的意思。孔子和老子都属于被周灭掉的殷遗民的传教士。由于他们是亡国之民，他们不得不采取那种柔顺以取容的人生观。

唐德刚先生对《说儒》这篇文章给予了至高无上的评价。他说：

> 适之先生这篇《说儒》，从任何角度来看，都是我国国学现代化过程中，一篇继往开来的划时代著作。

他又说：

> 胡氏此篇不但是胡适治学的巅峰之作，也是中

① 参见《胡适口述自传》，华东师范大学出版社1997年版，第204—207页。

> 国近代文化史上最光辉的一段时期，所谓“30年代”的巅峰之作。我国近代学术，以五四开其端，到30年代已臻成熟期。那时五四少年多已成熟，而治学干扰不大，所以宜其辉煌也。这个时期一过以至今日，中国再也没有第二个“30年代”了。适之先生这篇文章，便是30年代史学成就的代表作。[①]

我个人认为，唐先生对《说儒》的评价和对30年代学术的估价，是颇值得商榷的。《说儒》意思虽新颖，但并没有得到学术界的公认，郭沫若就有文章反驳。所谓“30年代”的学术成就，不知何所指。当时日寇压境，举国同愤，也不能说“干扰不大”。

关于适之先生对神会和尚的研究和《水经注》的研究，他的确用力很勤，可以说是半生以之。前者的用意在研究中国禅宗史，后者的用意在为戴震平反昭雪，其成绩都应该说是在《说儒》之上。

为旧小说写序，作考证，在这方面胡适的贡献是很大的，而影响也很大。在旧时代，小说不能登大雅之堂。由于胡适和其他一些学者的努力，小说公然登上了文学的殿堂，同其他昔日高贵的文学品种平起平坐。他对《红楼梦》的研究，我个

① 《胡适口述自传》，华东师范大学出版社1997年版，第273—274页。

人觉得是合情合理的。至于与此有联系的《白话文学史》，我认为是失败之作。因为白话同浅显的文言并无泾渭分明的界限，反不如用模糊理论来解释——可惜当时这个理论还没有产生。胡适有时牵强附会，甚至捉襟见肘，不能自圆其说。《中国哲学史》始终没有写完，晚年虽立下宏愿大誓，要把它写完，可惜他过早地逝去，留下了一部“未完成的杰作”。适之先生在学术问题上有时候偏激得离奇，比如对中国的骈文，他说“有欠文明”。他认为“四六”体起标点符号的作用，他把中国中古期文章体裁说成“鄙野”或“夷化”，因为它同古代老子和孔子所用的体裁完全不同，同后来唐宋八家的古文，也迥然有别。他拿欧洲“修道士的拉丁”和印度的“沙门梵文”来相比。前者我不懂，后者则完全不是这么一回事。我认为这是一位极其谨严的学者的极其可怪的偏见。这一点，唐德刚先生也是完全不同意的。[①]

作为思想家的胡适

胡适不喜欢“哲学史”这个词儿，而钟爱“思想史”这个词儿。因此，我不称他为“哲学家”，而称他为“思想家”。

不管是哲学，还是思想，他都没有独立的体系，而且好像也从来没有想创立什么独立的体系，严格地讲，他不能算是

① 参见《胡适口述自传》，华东师范大学出版社 1997 年版，第 274—275 页。

一个纯粹的思想家。我给他杜撰了一个名词：行动思想家，或思想行动家。他毕生都在行动，是有思想基础的行动。大名垂宇宙的五四运动，在中国学术史上，中国文学史上，甚至中国政治史上，是空前的，而执大旗作领袖的人物，不能不说是胡适，这是他在既定的思想基础上行动的结果。一个纯粹的思想家是难以做到的。

说到思想，胡适的思想来源是相当复杂的，既有中国的传统思想，又有西方的古代一直到近代的思想，以后者为主。中国“全盘西化”的思想和他有密切的关系。年轻时候信仰世界主义、和平主义和国际主义。在这方面影响他的有中国的老子。老子主张“不争”说：“夫惟不争，故天下莫能与之争。”还有墨子的《非攻》。此外还有西方的耶稣教的《圣经》，讲什么，人家打你的右颊，你把左颊再转过去要他打。他这样的信仰都是历四五十年而不衰的。胡适的行动看起来异常激进，但是他自己却说，自己是保守分子。[①] 表面上看，他是“打倒孔家店”的急先锋，他却不但尊崇孔子，连儒家大儒朱熹也尊崇。唐德刚先生甚至称他为“最后的一位理学家”。

胡适的意见有时候也流于偏激，甚至偏颇。他关于骈文的看法，上面已经介绍过了。与此有关联的是他对于文言的看法。他说：

---

①《胡适口述自传》，华东师范大学出版社1997年版，第138—161页。

> 死文字不能产生活文学。我认为文言文在那时已不止是半死，事实已全死了；虽然文言文之中，尚有许多现时还在用的活字，文言文的文法，也是个死文字的文法。[①]

那么，胡适真正的主要的思想究竟是什么呢？一言以蔽之，曰实验主义。我现在根据胡适的自述，简略地加以介绍。实验主义是 19 世纪末叶至 20 世纪初叶流行于美国的有影响的大哲学派别之一。当时最主要的大师是查理·皮尔士（Chanler Pierce）、威廉·詹姆士（William James）和约翰·杜威（John Dewey）。第一人逝世于 1914 年，第二人逝世于 1910 年。胡适不可能从他们受学。只有杜威还健在，胡就成了他的学生。胡适自己说，杜威对他有"终身影响"。

什么又叫做"实验主义"呢？必须先介绍一点欧洲哲学史，特别是古希腊的哲学，才能知道杜威一些说法的来源。这要从苏格拉底（Sokrates，470 ？ ~399B.C.）讲起。我现在根据唐德刚先生的注释[②]极其简略地加以说明。苏格拉底对"知识"这个概念有特殊看法。人性是本善的，之所以有不善，是由于"无知"的缘故。"知"是"行"的先决条件。"知"中有善而无恶，有恶之"知"，不是真"知"，无"知"则"行"

① 参见《胡适口述自传》，华东师范大学出版社 1997 年版，第 161 页。

② 参见《胡适口述自传》，华东师范大学出版社 1997 年版，第 108—114 页。

无准则。要了解什么是“知”，必须了解什么是“不知”。所有的事物和概念都有真“知”，一般人不了解真“知”而自以为“知”，所以都是糊涂一辈子。他十分强调“自知之明”。他之所以拼命反对“民主”，就是因为他认为芸芸众生都是无“知”之辈，他们不能“主”，“主”者只能是有德者，“德”只是“知”的表现。有“知”自有“德”。从“无知”到“有知”，有一个从无到有的过程和方法，这就是“苏格拉底法则”。苏格拉底认为，天下任何事物和概念都各有其“普遍界说”（Universal Defimtien），比如说，猫的“普遍界说”就是“捉老鼠”。世界上的事物和概念，都将由其本身的“普遍界说”而形成一个单独的“形式”（Form），这个“形式”有其特有的“次文化”（Subculture）。

上述这种推理法，就是所谓“苏格拉底法则”。杜威对这个法则极为赞赏，胡适亦然。他们认为,“法则”只是一种法则，是一种寻求真理、解决问题的方法，并不是替任何“主义”去证明那种毫无讨论余地的“终极真理”（Ultimate Truth）。他们实验主义者是走一步算一步的，不立什么“终极真理”。

苏格拉底的再传弟子——柏拉图的弟子亚里士多德（384 ~ 322B.C.），批评他的师祖和老师的推理杂乱无章，他搞了一个“三段论法”。所谓“三段”，指的是大前提、小前提和结论。这可以称为“演绎推理法”（Deduclive Method）。这方法的核心是“证明真理”，而不是“寻求真理”。后来它为中世纪的耶稣教神学所利用。这种神学已经有“终极真理”和“最后之因”，只需要证明，而不需要探求，这与亚里士多德的三段论法一拍即合，所以就大行其道了。

胡适经常讲他的方法是“归纳法”，就是针对这种演绎法而发的。

既然讲到了方法，我现在就来谈一谈胡适的“实证思维术”。胡适说：

> 我治中国思想与中国历史的各种著作，都是围绕着“方法”这一观念打转的。“方法”实在主宰了我四十多年来所有的著述。从基本上说，我这一点实在得益于杜威的影响。①

这是“夫子自道”，由此可见他毕生重视方法，在思想方面和治学方面的方法，而这方法的来源则是杜威的影响。

根据胡适的论述，杜威认为人类和个人思想的过程都要通过四个阶段：

> 第一阶段，固定信念阶段。
>
> 第二阶段，破坏和否定主观思想的阶段。这第

①《胡适口述自传》，华东师范大学出版社 1997 年版，第 94 页。

二个阶段杜威称之为讨论阶段。

第三阶段，是从苏格拉底法则向亚里士多德的逻辑之间发展的阶段。杜威用溢美之辞赞扬苏格拉底，而对亚里士多德的三段论法则颇有微辞。

第四阶段，也就是后阶段，是现代的归纳实证和实验逻辑。[①]

杜威在另一本举世闻名的著作《思维术》中，认为有系统的思想通常要通过五个阶段：

第一阶段，为思想之前奏（Antecedent），是一个困惑、疑虑的阶段，导致思想者去认真思考。

第二阶段，是决定这疑虑和困惑究在何处。

第三阶段，为解决这些困惑和疑虑，思想者自己会去寻找一个解决问题的假设，或面临一些现成的假设的解决方法，任凭选择。

第四阶段，思想者只有在这些假设中，选择其一作为对他的困惑和疑虑的可能解决的办法。

第五阶段，也是最后阶段。思想者要求证，他把大胆选择的假设，小心地证明出来，哪个是对他的疑

---

①《胡适口述自传》，华东师范大学出版社 1997 年版，第 93—94 页。

虑和困惑最满意的解决。[①]

我想，大家一看就能够知道，胡适有名的“大胆的假设，小心的求证”，来源就在这里，是他从杜威那里学来而加以简化和明确化了的。

根据我个人肤浅的分析，在对外方面，在对西方的反应方面，胡适这个思想的来源还不仅限于杜威，一定还有尼采的影响在，他那“重新评估一切价值”的名言，影响了整个世界。在对内方面，胡适也受到了影响，最突出的是宋代哲学家张载。张载说：

在可疑而不疑者，不曾学；学则须疑。（《大学·原下》）

他又说：

无征而方，取不信。启诈妄之道也。杞宋不足征吾言，则不言；周足征，则从之。故无征不信，君子不言。（《正蒙·有德》）

①《胡适口述自传》，华东师范大学出版社 1997 年版，第 96 页。

多少年来，我就认为，“大胆的假设，小心的求证”这十个字，是胡适对思想和治学方法最大最重要的贡献。胡适自己在《口述自传》中“青年期逐渐领悟的治学方法”这一节里说：

> 我的治学方法似乎是经过长期琢磨，逐渐发展起来……我十几岁的时候，便已有好怀疑的倾向，尤其是关于宗教方面。

下面他讲到“汉学”，又说：

> 近三百年来学术方法上所通行的批判研究实自北宋开始，中国考古学兴起的时候。古代的文物逐渐发展成历史工具来校勘旧典籍，这便是批判的治学方法的起源。“考据学”或“考证学”于焉产生。

胡适在 19 岁前读中国经书，发现了汉、宋注疏之不同，企图自己来写点批判性的文章。这种以批判法则治学的方法，胡适名之为“归纳法”。[①]

在这同一节中，胡适又说：

① 参见《胡适口述自传》，华东师范大学出版社 1997 年版，第 118—119 页。

我举出了这些例子，也就是说明我要指出我从何处学得了这些治学方法，实在是很不容易的。我想比较妥当的方法，是我从考据学方面着手逐渐地学会了校勘学和训诂学。由于长期钻研中国古代典籍，而逐渐的（应作“地”——羡林）学会了这种治学方法。所以我要总结我的经验的话，我最早的资本或者就是由于我有怀疑的能力。[①]

最了解自己的老师的胡适的学生唐德刚说：

胡适的治学方法只是集中西“传统”方法之大成，他始终没有跳出中国的“乾嘉学派”和西洋中古僧侣所搞的“圣经学”（Biblical Scholarship）的窠臼。[②]

唐又本着“吾爱吾师，吾尤爱真理”的精神说，胡适“不成一套！”[③]

唐德刚先生的话不无道理，胡适的“治学方法”确实是中西合璧的。但是，我认为，决不能就因此贬低了胡适的“大胆的假设，小心的求证”。我上面已经提到，这是胡适最大的贡

①《胡适口述自传》，华东师范大学出版社 1997 年版，第 125 页。
②《胡适口述自传》，华东师范大学出版社 1997 年版，第 133 页。
③ 参见《胡适口述自传》，华东师范大学出版社 1997 年版，第 111 页。

献之一。无论是人文社会家，还是自然科学家，真想做学问，都离不开这十个字。在这里，关键是“大胆”和“小心”。研究任何一个问题，必先有假设。否则就是抄袭旧论，拾人牙慧。这样学问永远不会有进步。要想创新，必有假设，而假设则是越大胆越好。在神学统治的重压下，哥白尼敢于假设地球围着太阳转，胆子可真够大的了。但是，大胆究竟能够或者应该大到什么程度，界限很难确定，只好说“存乎一心”了。有了假设，只是解决问题的第一步。这种假设往往是出于怀疑，很多古圣先贤都提倡怀疑，但是怀疑了，假设了，千万不要掉以轻心，认为轻而易举就能得到结论，必须求证，而求证则是越小心越好。世界上，万事万物都异常复杂，千万不要看到一些表面就信以为真，一定要由表及里，多方探索，慎思明辨，期望真正能搔到痒处。到了证据确凿，无懈可击，然后才下结论。有的学者甚至认为，孤证难信。这做起来比较难。如果真正只有一个孤证，你难道就此罢手吗？

胡适毕生从事考据之学，迷信考据之学。他在《齐白石传》中说过几句话：白石先生用“瞒天过海”的迷信方法，来隐瞒自己的年龄，却瞒不过考据学。可见他对考据学信仰之虔诚。我再重复说一句：“十字诀”是胡适重大贡献之一，对青年学者有深远的影响。

1996 年

朱光潜先生的为人与为学

五十多年前，我在清华大学西洋文学系念书，我那时是二十岁上下。朱光潜（孟实）先生是北京大学的教授，在清华大学兼课，年龄大概三十四五岁吧。他只教一门文艺心理学，实际上就是美学，这是一门选修课。我选了这一门课，认真地听了一年。当时我就感觉到，这一门课非同凡响，是我最满意的一门课，比那些英、美、法、德等国来的外籍教授所开的课好到不能比的程度。朱先生不是那种口若悬河的人，他的口才并不好，讲一口带安徽味的蓝青官话，听起来并不“美”。看来他不是一个演说家，讲课从来不看学生，两只眼向上翻，看的好像是天花板上或者窗户上的某一块地方。然而却没有废话，每一句话都清清楚楚。他介绍西方各国流行的文艺理论，有时候举一些中国旧诗词作例子，并不牵强附会，我们一听就懂。对那些古里古怪的理论，他确实能讲出一个道理来，我听起来津津有味。我觉得，他是一个有学问的人，一个在学术上诚实的人，他不哗众取宠，他不用连自己都不懂的“洋玩意儿”去欺骗、吓唬年轻的中国学生。因此，在开课以后不久，我就爱上了这一门课，每周盼望上课，成为我的乐趣了。

孟实先生在课堂上介绍了许多欧洲心理学家和文艺理论家的新理论，比如李普斯的感情移入说，还有什么人的距离说等等。他们从心理学方面，甚至从生理学方面来解释关于美的问题。其中有不少理论我觉得是有道理的，一直到今天我仍然记忆不忘。要说里面没有唯心主义成分，那是不能想象的。但是资产阶级的科学家，只要是一个有良心、不存心骗人的人，他总是会在不同程度上正视客观实际的，他的学说总会有合理成分的。我们倒洗澡水不应该连婴儿一起倒掉。达尔文和爱因斯坦难道不是资产阶级的科学家吗？但是，你能说，他们的学说完全不正确吗？我们过去有一些人习惯于用贴标签的办法来处理学术问题，把极其复杂的学术问题过分地简单化了。这不利于学术的发展。这种倾向到了“十年浩劫”期间，在“四人帮”的煽动下，达到了骇人听闻的荒谬的程度。“四人帮”竟号召对相对论一窍不通的人来批判爱因斯坦，成为千古笑谈。孟实先生完全不属于这一类人。他老老实实，本本分分，自己认识到什么程度，就讲到什么程度，一步一个脚印，无形中影响了学生。

离开清华以后，我出国一住就是十年。在这期间，国内正在奋起抗日，国际上则是第二次世界大战。“烽火连八年，家书抵亿金”，在一段相当长的时间内，我完全同祖国隔离，什么情况也不知道，1946 年回国，立即来北大工作。那时孟实先生也转来北大。他正编一个杂志，邀我写文章。我写了一篇介绍《五卷书》的文章，发表在那个杂志上。他住的地方离我的住处不远。他的办公室（他当时是西方语言文学系主任，我是东方语言文学系主任）和我的办公室相隔也不远。但是我无论如何也回忆不起来，我曾拜访过他。说起来似乎是件怪事，然而却是事实。现在恐怕有很多人认为我是什么“社会活动家”。其实我的性格毋宁说是属于孤僻一类，最怕见人。我的老师和老同学很多，我几乎是谁都不拜访。天性如此，无可奈何，而今就是想去拜访孟实先生，也完全不可能了。

我因为没有在重庆或者昆明待过，对于抗战时期那里的情况完全不了解。对于朱先生当时的情况也完全不清楚。到了北平以后，听了三言两语，我有时候也同几个清华的老同学窃窃私议过。到了 1949 年北平解放前夕，按朱先生的地位，他完全有资格乘南京派来的专机离开中国大陆的。然而他没有这样做，他毅然留了下来，等待北平的解放。其中过程细节，我完全不清楚。然而这件事却给我留下了深刻的印象：朱先生毕竟是经受住了考验，选择了一条唯一正确的道路。

我常常想，在新中国成立前，中国的知识分子大概分为三类：先知先觉的、后知后觉的、不知不觉的。第一类是少数，第三类也是少数。孟实先生（还有我自己），在政治上不是先知先觉；但又绝非不知不觉。爱国无分少长，革命难免先后，这恐怕是一条规律。孟实先生同一大批旧社会来的知识分子一样，经过了几十年的观察与考验、前进与停滞，既走过阳关大道，也走过独木小桥，最终还是认识了真理，认为共产党指出的道路是唯一正确的，因而坚定不移地在这一条路上走下去。孟实先生有一些情况我原来并不清楚，只是到了前几年，我读到他在抗战期间从重庆给周扬同志写的一封信，我才知道，他对国民党并不满意，他也向往延安。我心中暗自谴责：我没有能全面了解孟实先生。总之，我认为，孟实先生一生是大节不亏的，他走的道路是一切正直的中国知识分子都应该走的道路。

这一条道路当然也绝不会是平坦的。三十多年来，风风雨雨，几乎所有的老知识分子都在风雨中经受磨炼。最突出的例子当然是“十年浩劫”。孟实先生被关进了牛棚。我是自己“跳”出来的，一跳也就跳进了牛棚。想不到几十年前的师生现在成了“同棚”。牛棚生活不是三言两语所能说清的。在这里暂且不谈。孟实先生在棚里的一件小事，我却始终忘记不了。他锻炼身体有一套方术，大概是东西均备，佛道沟通。在那种阴森森的生活环境中，他居然还在锻炼身体，我实在非常吃惊，而且替他捏一把汗。晚上睡下以后，我发现他在被窝里胡折腾，不知道搞一些什么名堂。早晨他还偷跑到一个角落里去打太极拳一类的东西。有一次被“监改人员”发现了，大大地挨了一通批。在这些“大老爷”眼中，我们锻炼身体是罪大恶极的。这是一件微不足道的小事，然而它的意义却不小。从中可以看到，孟实先生对自己的前途没有绝望，对我们的事业也没有绝望，他执著于生命，坚决要活下去。否则的话，他尽可以像一些别的难兄难弟一样，破罐子破摔算了。说老实话，我在当时的态度实在比不上他。这一件事，我从来没有同他谈起过，只是暗暗地记在心中。

“四人帮”垮台以后，天日重明，孟实先生以古稀之年，重又精神抖擞，从事科研、教学和社会活动。他的生活异常地有规律。每天早晨，人们总会看到一个瘦小的老头在北大图书馆前漫步。在工作方面，他抓得非常紧，他确实达到了壮心不已的程度。他译完了黑格尔的美学，又翻译维柯的著作。这些著作内容深奥，号称难治，能承担这种翻译工作的，并世没有第二人，孟实先生以他渊博的学识和湛深的外语水平，兢兢业业，勤勤恳恳，争分夺秒，锲而不舍，“焚膏油以继晷，恒兀兀以穷年”，终于完成了这项艰巨的工作，给我们留下了宝贵的财富，得到了学术界普遍的赞扬。

孟实先生学风谨严，一丝不苟，谦虚礼让，不耻下问。他曾多次问到我关于古代印度宗教的问题。他对中外文学都有精湛的研究，这是学术界公认的。他的文笔又流利畅达，这也是学者中间少有的。思想改造运动时，有人告诉我说是喜欢读朱先生写的自我批评的文章。我当时觉得非常可笑：这是什么时候呀，你居然还有闲情逸致来欣赏文章！然而这却是事实，可见朱先生文章感人之深。他研究中外文艺理论，态度同样严肃认真。他翻译外国名著，也是句斟字酌，不轻易下笔。严复说："一名之立，旬月踟蹰。"我在朱先生身上也发现了这种认真负责的态度。新中国成立后，他努力学习辩证唯物主义和历史唯物主义，并以此指导自己的研究工作，给我们树立了榜样。

现在，孟实先生离开了我们。他一生执著追求，没有偷懒。将近 90 年的漫长的道路，走过来并不容易。峰回路转，柳暗花明，他都碰到过。顺利与挫折，他都经受过。但是，他在千辛万苦之后，毕竟找到了真理，热爱祖国，热爱社会主义，找到了一个中国知识分子的最好的归宿。现在人们常谈生命的价值，我认为，孟实先生是实现了生命的价值的。

1986 年

汤用彤先生的为人与为学

在中国几千年的学术史上，每一个时代都诞生少数几位大师。是这几位大师标志出学术发展的新水平；是这几位大师代表着学术前进的新方向；是这几位大师照亮学术前进的道路；是这几位大师博古通今，又熔铸今古。他们是学术天空中光辉璀璨的明星。

中国近现代，当然也不能例外。但是，根据我个人的看法，近现代同以前的许多时代，都有所不同。举一个具体的例子，就是俞曲园先生（樾）和他的弟子章太炎（炳麟）。在他们师徒二人身上体现了中国19世纪末至20世纪初叶学术发展的一个大转变。俞曲园能熔铸今古；但是章太炎在熔铸今古之外，又能会通中西。这只要看一看曲园先生的文集，再读一读太炎先生《章氏丛书》，特别是其中的《文录》和《别录》中的许多文章，其区别立即呈现在眼前。太炎先生的文章如:《记印度西婆耆王纪念会事》《送印度钵罗罕保什二君序》《记印度事》《无政府主义序》《俱分进化论》《无神论》《大乘佛教缘起考》《大乘起信论辩》《梵文典序》《法显发现西半球论》等等，就是他会通中西的确凿证据，他的老师是写不出来的。

太炎先生以后，几位国学大师，比如梁启超、王国维、陈寅恪、陈垣、胡适等，都是既能熔铸今古，又能会通中西的。他们有别于前一代大师的地方就在这里。他们一方面继承了中国悠久的优秀的学术传统，特别是考据之学；另一方面又融会了西方的优秀传统，在形式和内容两个方面都是如此。他们发扬光大了中国的学术传统，使中国的学术研究面目为之一新，达到了空前的水平。

我认为，汤用彤（锡予）先生就属于这一些国学大师之列。这实际上是国内外学者之公言，绝非我一个人之私言。在锡予先生身上，熔铸今古、会通中西的特点是非常明显的。他对中国古代典籍的研读造诣很高，对汉译佛典以及僧传又都进行过深刻彻底的探讨，使用起来，得心应手，如数家珍；又远涉重洋，赴美国哈佛大学研习梵文，攻读西方和印度哲学，再济之以个人天资与勤奋，他之所以成为国学大师，岂偶然哉！

拿汤先生的代表作《汉魏两晋南北朝佛教史》来作一个例子，加以分析。此书于 1938 年问世，至今已超过半个世纪。然而，一直到现在，研究中国佛教史的中外学者，哪一个也不能不向这一部书学习，向这一部书讨教。此书规模之恢弘，结构之谨严，材料之丰富，考证之精确，问题提出之深刻，剖析解释之周密，实在可为中外学者们的楷模。凡此皆是有口皆碑，同声称扬的。在中国佛教史的研究上，这是地地道道的一部经典著作，它将永放光芒。

锡予先生的治学范围，当然不限于汉魏两晋南北朝佛教史。他在魏晋玄学的研究方面也有精深的造诣；对隋唐佛教也作过深刻的探讨；旁及印度哲学和欧美哲学。他完全当得起“会通中西”这一句话。

汤先生的人品也是他的弟子们学习的榜样。他淳真、朴素，不为物累；待人宽厚，处事公正；蔼然仁者，即之也温。他是一个真正的人，他是一个真正的学者，他是一个真正的大师。

我自己没有得到机会立雪程门。我在德国住了 10 年以后，先师陈寅恪先生把我介绍给汤先生和胡适之先生，我得以来到了北大，当上了教授。此后我以学生教授或教授学生的身份听过汤先生“魏晋玄学”的课。我觉得每一堂课都是一次特殊的享受，至今记忆犹新，终生难忘。我不自量力，高攀为锡予先生的弟子，以此为荣。

今年是汤先生诞辰 100 周年。先生虽谢世已久，然而他的影响却与日俱新。这一册纪念论文集[①]就是最有力的证明。

① 论文集指《汤用彤先生诞辰百周年纪念论文集》，北京大学出版社，1993 年版。——编者注

本册所收的论文，有的来自国内学者，有的来自国外学者，不少作者就是锡予先生的门生，有的则是他的崇拜者。仅此一端，即可以看出先生影响之广被。我相信，这一本纪念论文集对弘扬中华优秀文化，对加强中外学者的协作，将做出贡献。我满怀喜悦崇敬的心情写了这一篇序文。

1992 年